Puissantes neuvaines d'intercession

Ludovic Robert

Copyright © 2018 Ludovic Robert
All rights reserved.

CONTENU

Neuvaine à la Sainte Trinité par l'intercession de Sainte Thérèse de l'Enfant-Jésus et de la Sainte Face 1

Neuvaine à Saint Michel Archange 3

Neuvaine à mon Ange gardien 9

Neuvaine à la Divine Miséricorde 23

Neuvaine à Saint Joseph 33

Neuvaine au Saint Esprit 59

Neuvaine à Saint Jude Thaddée le saint de l'espoir 73

Neuvaine en l'honneur de la Très Sainte Face de Jésus 81

NEUVAINE À LA SAINTE TRINITÉ PAR L'INTERCESSION DE SAINTE THÉRÈSE DE L'ENFANT-JÉSUS ET DE LA SAINTE FACE

À reciter tous les jours

Père éternel, qui es aux Cieux où tu couronnes les mérites de ceux qui, en ce monde, te servent avec fidélité ; par l'amour si pur que te porta ta petite enfant, Thérèse de l'Enfant-Jésus et de la Sainte Face, jusqu'à espérer dans sa filiale confiance « que tu ferais sa volonté au Ciel ayant elle-même toujours fait la tienne sur la terre », soit sensible à son intercession, et, par elle, je te supplie d'exaucer la prière que je t'adresse avec foi et confiance.
Notre Père..., Je vous salue Marie..., Gloire au Père...

Fils éternel du Père, qui as promis de récompenser les plus légers services rendus au prochain en ton nom, jette un regard d'amour sur ta petite épouse, Thérèse de l'Enfant-Jésus et de la Sainte Face, qui eut à cœur, avec tant de zèle, le salut des âmes. Pour tout ce qu'elle a fait et souffert ici-

bas, rappelle-toi sans cesse son vœu de « passer son Ciel à faire du bien sur la terre » et, par ce
vœu, accorde-moi la grâce pour laquelle je te prie avec soumission et amour.
Notre Père..., Je vous salue Marie..., Gloire au Père...

Esprit Saint et Éternel, qui, par tant de grâces d'amour, as perfectionné l'âme de sainte Thérèse de l'Enfant-Jésus et de la Sainte Face, je te supplie par la docilité avec laquelle elle répondit à tes prévenances, d'exaucer les supplications qu'elle t'adresse, et te souvenant de sa promesse de « faire tomber du Ciel une pluie de roses », accorde-lui pour moi, ô Esprit Saint, la réalisation de cette promesse.
Notre Père..., Je vous salue Marie..., Gloire au Père...

Sainte Thérèse de l'Enfant-Jésus et de la Sainte Face, qui dans ta courte existence n'as cherché que la vérité dans la pureté, la confiance et l'abandon de tout ton être à Dieu, maintenant que tu vis dans la lumière du Père, jette un regard d'amour sur moi qui me confie pleinement en toi. Présente mon intention, intercède auprès de Notre Mère, la Vierge Immaculée dont tu as été la « fleur » privilégiée, auprès de la Reine du Ciel « qui te sourit au matin de la vie ».
Supplie-la, elle, si puissante sur le Cœur de Jésus, de m'obtenir la grâce que je désire tant, et de l'accompagner de sa bénédiction qui me fortifie durant ma vie, me défende au moment de ma mort, et me conduise à la bienheureuse éternité.
Amen.

Salut, ô Reine... (Salve Regina).

NEUVAINE À SAINT MICHEL ARCHANGE

Premier jour

Saint Michel Archange, rempli de la sagesse de Dieu, fort dans le combat, viens à mon aide, soutiens-moi dans les difficultés, les épreuves, quand je souffre, quand je doute, quand je pleure. Obtiens-moi le courage, la force, la volonté, pour ne pas me laisser abattre. Saint Michel Archange, sois mon défenseur et protecteur contre les forces du Mal. Me confiant en
l'intercession de votre Bienheureux Archange Saint Michel, je te supplie, Seigneur, de m'accorder la grâce de …

Notre Père, Je vous salue Marie (3 fois), Gloire au Père.

Saint Michel Archange, de ta lumière éclaire-nous. De tes ailes, protège-nous. De ton épée, défends-nous.

Deuxième jour

Saint Michel Archange, terreur des démons, vainqueur de Satan, viens à mon secours, dans la lutte que je dois mener chaque jour contre mes défauts, contre les mauvaises influences qui m'assaillent de toutes parts. Aide-moi à vaincre les tentations et à mener le bon combat avec persévérance et confiance pour mon plus grand bien. Me confiant en l'intercession de votre Bienheureux Archange Saint Michel, je te supplie, Seigneur, de m'accorder la grâce de ...

Notre Père, Je vous salue Marie (3 fois), Gloire au Père.

Saint Michel Archange, de ta lumière éclaire-nous. De tes ailes, protège-nous. De ton épée, défends-nous.

Troisième jour

Saint Michel Archange, fidèle serviteur de Dieu, humble et fidèle à ton Créateur, tu t'es levé et tu as combattu contre Lucifer, le rebelle, l'orgueilleux. Sois mon soutien ma force dans la lutte contre le mal. Apprends-moi à louer, à aimer, à servir le Seigneur notre Dieu, dans l'humilité, la confiance, la fidélité et l'amour. Me confiant en l'intercession de votre Bienheureux Archange Saint Michel, je te supplie, Seigneur, de m'accorder la grâce de ...

Notre Père, Je vous salue Marie (3 fois), Gloire au Père.

Saint Michel Archange, de ta lumière éclaire-nous. De tes ailes, protège-nous. De ton épée, défends-nous.

Quatrième jour

Saint Michel Archange, Ange de la paix, toi qui dans le combat du ciel as rassemblé les anges fidèles pour vaincre Satan et pour louer Dieu dans l'allégresse, dans la joie et la paix, je te prie spécialement d'intercéder pour faire régner la paix dans les cœurs, les familles, l'Église, les nations et le monde. Que vienne le Règne de paix et d'amour du Christ notre Sauveur. Me confiant en l'intercession de votre Bienheureux Archange Saint Michel, je te supplie, Seigneur, de m'accorder la grâce de ...

Notre Père, Je vous salue Marie (3 fois), Gloire au Père.

Saint Michel Archange, de ta lumière éclaire-nous. De tes ailes, protège-nous. De ton épée, défends-nous.

Cinquième jour

Saint Michel Archange, bienfaiteur des peuples qui t'honorent, sois toujours à mes côtés. Apprends-moi à vivre en communion incessante de cœur et d'esprit avec le Seigneur, en paix avec mes frères. Présente à Dieu mes humbles prières et supplications. Prie avec moi, prie pour moi, soutiens-moi. Me confiant en l'intercession de votre Bienheureux Archange Saint Michel, je te supplie, Seigneur, de m'accorder la grâce de ...

Notre Père, Je vous salue Marie (3 fois), Gloire au Père.

Saint Michel Archange, de ta lumière éclaire-nous. De tes ailes, protège-nous. De ton épée, défends-nous.

Sixième jour

Saint Michel Archange, notre soutien dans la lutte contre le mal, vois le combat acharné et continuel que les forces du mal livrent contre les enfants de Dieu. Je t'en supplie, intercède pour nous, soutiens ceux qui sont méprisés, rejetés, persécutés, pour qu'ils puissent rester fidèles au Seigneur. Obtiens-leur, obtiens-nous le courage, la confiance, la persévérance. Me confiant en l'intercession de votre Bienheureux Archange Saint Michel, je te supplie, Seigneur, de m'accorder la grâce de ...

Notre Père, Je vous salue Marie (3 fois), Gloire au Père.

Saint Michel Archange, de ta lumière éclaire-nous. De tes ailes, protège-nous. De ton épée, défends-nous.

Septième jour

Saint Michel Archange, gardien et patron de la Sainte Église, vois aujourd'hui l'Église du Christ, parfois contestée, critiquée par les forces du mal. Saint Michel, soutiens Sa Sainteté "le Pape" et tous les fidèles en communion avec lui. Éclaire ceux qui doutent et qui chancellent . Sois aujourd'hui et toujours le défenseur et le protecteur de la Sainte Église du Christ. Me confiant en l'intercession de votre Bienheureux Archange Saint Michel, je te supplie, Seigneur, de m'accorder la grâce de ...

Notre Père, Je vous salue Marie (3 fois), Gloire au Père.

Saint Michel Archange, de ta lumière éclaire-nous. De tes ailes, protège-nous. De ton épée, défends-nous.

Huitième jour

Saint Michel Archange, dont la prière conduit au bien, vois notre prière bien humaine et compréhensible quand un être cher est enlevé à notre affection. Toi notre intercesseur auprès de Dieu, prie intensément pour le repos de l'âme de nos chers défunts et pour la consolation de ceux qui les pleurent. Que Dieu de Miséricorde les accueille dans le bonheur de la vie éternelle. Me confiant en l'intercession de votre Bienheureux Archange Saint Michel, je te supplie, Seigneur, de m'accorder la grâce de ...

Notre Père, Je vous salue Marie (3 fois), Gloire au Père.

Saint Michel Archange, de ta lumière éclaire-nous. De tes ailes, protège-nous. De ton épée, défends-nous.

Neuvième jour

Saint Michel Archange, tu introduis les âmes dans la lumière éternelle. A chaque seconde, des âmes quittent cette terre d'exil, sois auprès des agonisants qui livrent le dernier combat contre le prince du mensonge et du mal, qui voudrait les entraîner dans l'abîme. Avec la Vierge Marie, sois auprès de nous pour nous assister à l'heure du grand passage vers l'Éternité. Présente notre âme au Dieu de Miséricorde et d'Amour. Me confiant en l'intercession de votre Bienheureux Archange Saint Michel, je te supplie, Seigneur, de m'accorder la grâce de ...

Notre Père, Je vous salue Marie (3 fois), Gloire au Père.

Saint Michel Archange, de ta lumière éclaire-nous. De tes ailes, protège-nous. De ton épée, défends-nous.

NEUVAINE À MON ANGE GARDIEN

Premier jour

Ô très fidèle exécuteur des ordres de Dieu, très saint ange, mon protecteur, qui, depuis le premier instant de mon existence, veillez toujours avec sollicitude à la garde de mon âme et de mon corps, je vous salue, et vous remercie en union avec tout le chœur des Anges que la bonté divine a commis à la garde des hommes.

Je vous prie instamment de redoubler de prévenance pour me préserver de toute chute en ce présent pèlerinage, afin que mon âme se conserve toujours aussi pure, aussi nette qu'avec votre aide elle est devenue sous l'effet du saint baptême.

Ange de Dieu qui êtes mon gardien,
Éclairez-moi, gardez-moi, guidez-moi, gouvernez-moi,
Ô vous à qui je fus confié par la Miséricorde divine. Amen.

Deuxième jour

Ô mon compagnon très aimant, mon unique ami véritable, mon saint ange gardien qui, en tous lieux et en tous temps, m'honorez de votre vénérable présence, je vous salue et vous remercie, en union avec tout le chœur des Archanges chargés par Dieu d'annoncer les évènements grands et mystérieux.

Je vous prie instamment d'illuminer mon esprit de la connaissance de la Volonté divine et de disposer mon cœur à l'exécuter toujours parfaitement, afin qu'agissant sans cesse selon la foi que je professe, j'obtienne dans l'autre vie la récompense promise aux vrais croyants.

Ange de Dieu qui êtes mon gardien,

Éclairez-moi, gardez-moi, guidez-moi, gouvernez-moi,

Ô vous à qui je fus confié par la Miséricorde divine. Amen.

Troisième jour

Ô mon maître très sage, mon saint ange gardien, qui jamais ne cessez de m'enseigner la véritable science des saints, je vous salue et vous remercie, en union avec tout le chœur des Principautés chargées de gouverner les esprits inférieurs pour assurer la prompte exécution des ordres divins.

Je vous prie instamment de veiller sur mes pensées, mes paroles, mes actes, pour que, me conformant en tout à vos salutaires enseignements je ne perde jamais de vue la sainte crainte de Dieu, principe unique et infaillible de la véritable sagesse.

Ange de Dieu qui êtes mon gardien,

Éclairez-moi, gardez-moi, guidez-moi, gouvernez-moi,

Ô vous à qui je fus confié par la Miséricorde divine. Amen.

Quatrième jour

O mon très aimant éducateur, mon saint ange gardien, qui par d'aimables reproches et de continuelles admonitions, m'invitez à me relever de la chute, chaque fois que je suis tombé pour mon malheur, je vous salue et vous remercie, en union avec tout le chœur des Puissances chargées de refréner les efforts du démon contre nous.
Je vous prie instamment de tirer mon âme du sommeil de la tiédeur dans lequel elle vit actuellement et de lutter afin de triompher de tous mes ennemis.
Ange de Dieu qui êtes mon gardien,
Éclairez-moi, gardez-moi, guidez-moi, gouvernez-moi,
Ô vous à qui je fus confié par la Miséricorde divine. Amen.

Cinquième jour

Ô mon très puissant défenseur, mon saint ange gardien, qui, en me montrant les pièges du démon, cachés dans les pompes de ce monde et dans les plaisirs de la chair, m'en facilitez la victoire et le triomphe, je vous salue et je vous remercie, en union avec tout le chœur des Vertus destinées par Dieu tout-puissant à opérer des miracles et à conduire les hommes à la sainteté.
Je vous prie instamment de me secourir dans tous les périls, de me défendre dans tous les assauts afin que je puisse avancer avec sécurité dans la voie de toutes les vertus, en particulier de l'humilité, de la pureté, de l'obéissance et de la charité, qui vous sont les plus chères et qui sont les plus indispensables au salut.
Ange de Dieu qui êtes mon gardien,
Éclairez-moi, gardez-moi, guidez-moi, gouvernez-moi,
Ô vous à qui je fus confié par la Miséricorde divine. Amen.

Sixième jour

O mon ineffable conseiller, mon saint ange gardien, qui, de la manière la plus efficace, me faites connaître la volonté de Dieu et les moyens les plus propres à l'accomplir, je vous salue et vous remercie, en union avec tout le chœur des Dominations élues de Dieu pour communiquer ses décrets et nous donner la force de dominer nos passions.
Je vous prie instamment de délivrer mon esprit de tous doutes importuns et de toutes pernicieuses perplexités, afin que, libre de toute crainte, je suive toujours vos avis qui sont des conseils de paix, de justice et de sainteté.
Ange de Dieu qui êtes mon gardien,
Éclairez-moi, gardez-moi, guidez-moi, gouvernez-moi,
Ô vous à qui je fus confié par la Miséricorde divine. Amen.

Septième jour

O mon avocat très zélé, mon saint ange gardien, qui, par d'incessantes prières, plaidez au ciel la cause de mon salut éternel et éloignez de ma tête les châtiments mérités, je vous salue et je vous remercie, en union avec tout le chœur des Trônes choisis pour maintenir les hommes dans le bien entrepris.
Je vous prie instamment de couronner votre charité en m'obtenant le don inestimable de la persévérance finale pour qu'à la mort, je passe heureusement des misères de cet exil aux joies éternelles de la patrie céleste.
Ange de Dieu qui êtes mon gardien,
Éclairez-moi, gardez-moi, guidez-moi, gouvernez-moi,
Ô vous à qui je fus confié par la Miséricorde divine. Amen.

Huitième jour

O très doux consolateur de mon âme, mon saint ange gardien, qui par de suaves inspirations me réconfortez dans les vicissitudes de la vie présente et dans toutes les craintes concernant la vie future, je vous salue et vous remercie, en union avec tout le chœur des Chérubins qui, pleins de la science de Dieu, sont chargés d'éclairer notre ignorance.

Je vous prie instamment de m'assister tout particulièrement et de me consoler, aussi bien dans les adversités actuelles que dans la dernière agonie, pour que, séduit par votre douceur, je ferme mon cœur à tous les attraits trompeurs de cette terre afin de reposer dans l'espérance du bonheur futur.

Ange de Dieu qui êtes mon gardien,
Éclairez-moi, gardez-moi, guidez-moi, gouvernez-moi,
Ô vous à qui je fus confié par la Miséricorde divine. Amen.

Neuvième jour

O prince très noble de la cour céleste, infatigable coopérateur de mon salut éternel, mon saint ange gardien, qui marquez chaque instant d'innombrables bienfaits, je vous salue et je vous remercie, en union avec tout le chœur des Séraphins qui, enflammés du divin amour, sont choisis pour embraser nos cœurs.

Je vous prie instamment d'allumer dans mon âme une étincelle de cet amour dont vous brûlez sans cesse afin que, ayant anéanti en moi tout ce qui est du monde et de la chair, je m'élève sans obstacles à la contemplation des choses célestes et, après avoir toujours fidèlement correspondu à votre amoureux empressement sur la terre, j'arrive enfin avec vous au Royaume de la gloire pour vous louer vous remercier et vous aimer durant tous les siècles.

Ainsi soit-il.
Ange de Dieu qui êtes mon gardien,
Éclairez-moi, gardez-moi, guidez-moi, gouvernez-moi,
Ô vous à qui je fus confié par la Miséricorde divine. Amen.

NEUVAINE AU SAINT-ESPRIT

Premier jour

Au nom du Père et du Fils et du Saint-Esprit. Amen
Esprit de vérité, qui es venu à nous le jour de la Pentecôte pour nous former à l'école du Verbe divin, remplis en nous la mission pour laquelle le Fils t'a envoyé. Remplis tous les coeurs et suscite chez de nombreux baptisés l'aspiration à ce qui est authentiquement grand et beau dans la vie, le désir de la perfection évangélique, la passion pour le salut des âmes. Soutiens les « ouvriers de la moisson » et donne la fécondité spirituelle à leurs efforts pour accomplir le bien. Rends nos coeurs parfaitement libres et purs, et aide-nous à vivre en plénitude la marche à la suite du Christ, pour goûter comme le don ultime venant de toi la joie qui n'aura pas de fin.
1 Notre Père, 1 Je Vous salue Marie, 1 Gloire au Père.

Deuxième jour
Au nom du Père…
Esprit d'Amour éternel, qui procèdes du Père et du Fils, nous te remercions pour toutes les vocations d'apôtres et de saints qui ont fécondé l'Église. Continue ton oeuvre, nous t'en prions. Esprit Saint, source éternelle de joie et de paix c'est Toi qui ouvres le coeur et l'esprit à l'appel divin ; c'est Toi qui rends efficace tout élan vers le bien, vers la vérité, vers la charité. Regarde ton Église qui a aujourd'hui un besoin particulier de prêtres saints, de témoins fidèles et autorisés de ta grâce, qui a besoin d'hommes et de femmes consacrés. Ouvre le coeur et l'esprit des jeunes gens et des jeunes filles pour qu'une nouvelle florai-son de saintes vocations montre la fidélité de ton amour, et que tous puissent connaître le Christ, vraie lumière venue dans le monde pour offrir à chaque être humain l'espérance assurée et la vie éternelle. Amen.
1 Notre Père, 1 Je Vous salue Marie, 1 Gloire au Père...

Troisième jour
Au nom du Père…
Esprit de Dieu, rends-nous disponibles à ta visite, fais grandir en nous la foi en la Parole qui sauve. Sois la source vive de l'Espérance qui germe en nos vies. Sois en nous le souffle d'Amour qui nous transforme et le feu de charité qui nous pousse à nous donner nous-mêmes à travers le service de nos frères. Toi que le Père nous a envoyé, enseigne-nous toute chose et fais-nous saisir la richesse de la Parole du Christ. Affermis en nous l'homme intérieur, fais-nous passer de la crainte à la confiance, afin que jaillisse en nous la louange de ta Gloire. Amen.
1 Notre Père, 1 Je Vous salue Marie, 1 Gloire au Père...

Quatrième jour
Au nom du Père...
Esprit Saint envoie-nous la lumière qui vient remplir le coeur des hommes et leur donner le courage de te chercher sans relâche. Toi, l'Esprit de vérité, introduis-nous dans la Vérité tout entière pour que nous proclamions avec fermeté le mystère du Dieu vivant qui agit dans notre histoire. Éclaire-nous sur le sens ultime de cette histoire. Éloigne de nous les infidélités qui nous séparent de Toi, écarte de nous le ressentiment et la division, fais grandir en nous un esprit de fraternité et d'unité pour que nous sachions bâtir la cité des hommes dans la paix et la solidarité qui nous viennent de Dieu. Fais-nous découvrir que l'amour est au plus intime de la vie divine et que nous sommes appelés à y participer. Apprends-nous à nous aimer les uns les autres comme le Père nous a aimés en nous don-nant son Fils. Que tous les peuples te connaissent ! Amen.
1 Notre Père, 1 Je Vous salue Marie, 1 Gloire au Père...

Cinquième jour
Au nom du Père...
Saint-Esprit, je te demande le don de la Sagesse pour une meilleure compréhension de toi et de ta perfection divine. Je te demande le don d'Intelligence pour une meilleure com-préhension de l'essence des mystères de la sainte foi. Donne-moi le don de Science afin que je sache orienter ma vie selon les principes de la foi. Donne-moi le don de Conseil afin qu'en tout je puisse le chercher par toi et que je puisse le trouver par toi. Donne-moi le don de la Force afin qu'aucune peur ni souci terrestre ne puissent m'arracher à toi. Donne-Taizé 2016 - Neuvaine à l'Esprit

Saint, Diocèse de Saint Denis
Donne-moi le don de Piété afin que je puisse toujours servir ta majesté avec un amour filial. Donne-moi le don de Crainte de Dieu afin qu'aucune peur ni motivation terrestre ne puis-sent m'arracher à toi. Amen. Bx Jean-Paul
1 Notre Père, 1 Je Vous salue Marie, 1 Gloire au Père...

Sixième jour
Au nom du Père…
Esprit Saint, source éternelle de joie et de paix, c'est toi qui ouvres le coeur et l'esprit à l'appel divin ; c'est toi qui rends efficace tout élan vers le bien, vers la vérité, vers la cha-rité. Tes gémissements inexprimables s'élèvent vers le Père du coeur de l'Église, qui souf-fre et lutte pour l'Évangile. Ouvre le coeur et l'esprit des jeunes gens et jeunes filles, pour qu'une nouvelle floraison de saintes vocations montre la fidélité de ton amour, et que tous puissent connaître le Christ, vraie lumière venue dans le monde pour offrir à chaque être humain l'espérance de la vie éternelle. Amen. Bx Jean-Paul II
1 Notre Père, 1 Je Vous salue Marie, 1 Gloire au Père...

Septième jour
Au nom du Père…
Esprit de sagesse, éclaire ceux qui exercent des responsabilités d'éducation et de conduite des hommes : les éducateurs, les enseignants, les parents, les responsables politiques. Esprit d'intelligence, montre-toi à ceux qui veulent comprendre les mystères de la Création : les savants, les chercheurs, les étudiants.
Esprit de conseil, souffle sur ceux qui te cherchent avec sincérité : les croyants et ceux qui hésitent à croire.

Esprit de force, console ceux qui vivent dans la nuit de la maladie, de l'angoisse, du deuil. Esprit de science, inspire ceux qui t'annoncent aux hommes de ce temps : les catéchistes, les prêtres et tous ceux qui exercent des responsabilités pastorales. Esprit de piété, donne le goût de la prière à ceux qui l'ont perdu ou qui se sont éloignés de l'Eglise, en particulier ceux qui se disent « croyants mais pas pratiquants ». Esprit de sainteté, ravive le coeur des baptisés pour que peu à peu ils soient ajustés au Père dans la confiance des vrais fils. Amen
1 Notre Père, 1 Je Vous salue Marie, 1 Gloire au Père...

Huitième jour

Au nom du Père...
Esprit de Vie, qui au commencement planais sur l'abîme,
Aide l'humanité de notre temps à comprendre
Qu'exclure Dieu la conduit à s'égarer dans le désert du monde,
Et que seulement là où la foi arrive, la dignité et la liberté fleurissent, et la société tout entière s'édifie dans la justice.
Esprit de Pentecôte, qui fais de l'Eglise un seul Corps,
Fais nous revenir, nous, les baptisés, à une authentique expérience de communion ;
Fais de nous un signe vivant de la présence du Ressuscité dans le monde,
Une communauté de saints qui vit au service de la charité.
Esprit Saint, qui habilite à la mission,
Donne-nous de reconnaître qu'à notre époque aussi,
Tant de personnes sont à la recherche de la vérité sur leur existence et sur le monde.
Fais de nous des collaborateurs de leur joie par l'annonce de l'Evangile de Jésus-Christ.

Grain de blé de Dieu, qui bonifie le terrain de la vie et assure une récolte abondante.
Amen.
1 Notre Père, 1 Je Vous salue Marie, 1 Gloire au Père...

Neuvième jour
Au nom du Père…
Viens, esprit saint, remplis le coeur de tes fidèles,
Allume en eux le feu de ton amour !
Esprit Saint qui procèdes du Père et du Fils, Esprit divin, qui es égal au Père et au Fils, allume en nous le feu de ton amour !
Promesse du Père le plus tendre et le plus généreux, Don du Dieu Très-Haut, allume en nous le feu de ton amour !
Source de grâces, Feu sacré, allume en nous le feu de ton amour !
Charité ardente, Onction spirituelle des âmes, allume en nous le feu de ton amour !
Esprit de Vérité, Esprit de Sagesse et d'intelligence, allume en nous le feu de ton amour !
Esprit de conseil et de force, Esprit de science et de piété, allume en nous le feu de ton amour !
Viens, esprit saint, remplis le coeur de tes fidèles,
allume en eux le feu de ton amour !
Esprit de crainte du Seigneur, Esprit de grâce et de prière, allume en nous le feu de ton amour !
Esprit de contrition et de confiance, Esprit de douceur et d'humilité, allume en nous le feu de ton amour !
Esprit de paix et de patience, Esprit de modestie et de pureté, allume en nous le feu de ton amour !
Esprit consolateur, Esprit sanctificateur, allume en nous le feu de ton amour !

Esprit du Seigneur qui remplis l'univers Esprit d'infaillibilité qui diriges l'Eglise, allume en nous le feu de ton amour !

Esprit d'adoption des enfants de Dieu, Esprit du Père et du Fils, Amour éternel de l'un et de l'autre, allume en nous le feu de ton amour !

Viens, esprit saint, remplis le coeur de tes fidèles, allume en eux le feu de ton amour !

NEUVAINE A LA DIVINE MISERICORDE

Premier jour
"Aujourd'hui, amène-moi l'humanité entière et particulièrement tous les pécheurs. Immerge-les dans l'océan de ma Miséricorde ; ainsi, tu me consoleras de cette amère tristesse en laquelle me plonge la perte des âmes."

Très Miséricordieux Jésus, dont le propre est d'avoir compassion et de pardonner, ne regarde pas nos péchés mais la confiance que nous plaçons en ton infinie bonté. Reçois-nous tous dans la demeure de ton Cœur très compatissant et ne nous en laisse jamais sortir. Nous t'en supplions par l'amour qui t'unit au Père et au Saint-Esprit.

Chapelet de la Divine Miséricorde :
Au début :
Notre Père... Je vous salue Marie... Je crois en Dieu...

Sur les gros grains du NOTRE PERE :
Père Eternel, je t'offre le Corps et le Sang, l'Ame et la Divinité de ton Fils bien-aimé, Notre Seigneur Jésus-Christ, en réparation de nos péchés et de ceux du monde entier.

Sur les petits grains du JE VOUS SALUE MARIE :
Par sa douloureuse Passion, sois miséricordieux pour nous et pour le monde entier.

A la fin du chapelet, on dit trois fois :
Dieu Saint, Dieu Fort, Dieu Immortel, prends pitié de nous et du monde entier.

Puis on peut ajouter trois fois :
Jésus, j'ai confiance en Toi.

Père Eternel, pose ton regard de miséricorde sur l'humanité entière, et particulièrement sur les pauvres pécheurs, enfermés dans le Cœur très compatissant de Jésus. Par sa douloureuse Passion, montre-nous ta miséricorde afin que nous glorifiions la toute puissance de ta miséricorde pour les siècles sans fin.

Amen.

Deuxième jour

"Aujourd'hui, amène-moi les âmes sacerdotales et religieuses et immerge-les dans mon insondable Miséricorde. Ce sont elles qui m'ont donné la force d'endurer mon amère Passion. Par elles comme par des canaux, ma Miséricorde se répand sur l'humanité."

Très Miséricordieux Jésus, de qui provient tout bien, fais abonder ta grâce en nous afin que nous accomplissions de dignes actes de miséricorde, et que ceux qui nous voient glorifient le Père de miséricorde qui est au Ciel.

Chapelet de la Divine Miséricorde

Père Eternel, pose ton regard de miséricorde sur ce groupe d'élus dans ta vigne, les âmes des prêtres et des religieux. Comble-les de la puissance de ta bénédiction. Par l'amour du Cœur de ton Fils dans lequel elles sont enfermées, accorde-leur ta force et ta lumière, afin qu'elles puissent guider les autres sur le chemin du salut et chanter d'une seule voix la gloire de ton insondable miséricorde, pour les siècles sans fin.

Amen.

Troisième jour

"Aujourd'hui, amène-moi toutes les âmes pieuses et fidèles et immerge-les dans l'océan de ma Miséricorde. Ces âmes m'ont consolé sur le Chemin de la Croix, elles furent cette goutte de consolation au milieu d'un océan d'amertume."

Très Miséricordieux Jésus, qui accorde à tous et avec surabondance les trésors de ta Miséricorde, reçois-nous dans la demeure de ton Cœur très compatissant et ne nous en laisse jamais sortir. Nous t'en supplions par l'inconcevable amour dont brûle si ardemment ton Cœur pour le Père céleste.

Chapelet de la Divine Miséricorde

Père Eternel, pose ton regard de miséricorde sur les âmes fidèles, l'héritage de ton Fils. Par sa douloureuse Passion, accorde-leur ta bénédiction et entoure-les de ta constante protection afin qu'elles ne manquent jamais à l'amour ni ne perdent le trésor de la sainte foi ; mais, qu'avec le chœur des anges et des saints, elles glorifient ton infinie miséricorde pour les siècles sans fin.

Amen.

Quatrième jour

"Aujourd'hui, amène-moi tous les païens et ceux qui ne me connaissent pas encore. Je pensais également à eux durant mon amère Passion, et leur zèle futur consolait mon Cœur. Immerge-les dans l'océan de ma Miséricorde."

Très compatissant Jésus, tu es la lumière du monde entier. Reçois dans la demeure de ton Cœur très compatissant les âmes des païens qui ne te connaissent pas encore. Que les rayons de ta grâce les illuminent, afin qu'elles aussi glorifient avec nous les merveilles de ta Miséricorde, et ne les laisse pas sortir de la demeure très compatissante de ton Cœur.

Chapelet de la Divine Miséricorde

Père Eternel, pose ton regard de miséricorde sur les âmes des païens et de ceux qui ne te connaissent pas encore, mais qui sont enfermées dans le Cœur très compatissant de Jésus. Attire-les vers la lumière de l'Evangile. Ces âmes ne connaissent pas le grand bonheur de t'aimer. Fais qu'elles aussi glorifient les largesses de ta miséricorde dans les siècles sans fin.

Amen.

Cinquième jour

"Aujourd'hui, amène-moi les âmes des hérétiques et des apostats et immerge-les dans l'océan de ma Miséricorde. Dans mon amère Passion, elles déchiraient mon Corps et mon Cœur, c'est à dire mon Eglise. Lorsqu'elles reviennent à l'unité de l'Eglise, mes plaies guérissent, et ainsi elles me soulagent dans ma Passion."

Très Miséricordieux Jésus, qui est la bonté même, tu ne refuses pas la lumière à ceux qui te la demandent. Reçois dans la demeure de ton Cœur très compatissant les âmes des hérétiques et des apostats. Par ta lumière, attire-les à l'unité de l'Eglise. Ne les laisse pas sortir de la demeure de ton Cœur très compatissant mais fais qu'elles aussi glorifient les largesses de ta Miséricorde.

Chapelet de la Divine Miséricorde

Père Eternel, pose ton regard de miséricorde sur les âmes des hérétiques et des apostats qui, ayant persisté obstinément dans leurs erreurs, gaspillèrent tes bénédictions et abusèrent de tes grâces. Ne regarde pas leurs erreurs, mais l'amour de ton Fils et l'amère Passion qu'il endura également pour elles, puisqu'elles aussi sont enfermées dans le Cœur très compatissant de Jésus. Fais qu'elles aussi glorifient ton immense miséricorde dans les siècles sans fin.

Amen.

Sixième jour

"Aujourd'hui, amène-moi les âmes douces et humbles, ainsi que celles des petits enfants, et immerge-les dans ma Miséricorde. Ce sont elles qui ressemblent le plus à mon Cœur. Elles m'ont réconforté dans mon amère agonie. Je les voyais comme des anges terrestres veiller sur mes autels. Sur elles, je verse des torrents de grâces. Seule une âme humble est capable de recevoir ma grâce. En ces âmes-là, je mets ma confiance."

Très Miséricordieux Jésus, tu as dit toi-même : "Apprenez de moi que je suis doux et humble de cœur", reçois dans la demeure de ton Cœur très compatissant toutes les âmes douces et humbles ainsi que celles des petits enfants. Ces âmes plongent dans le ravissement le Ciel entier et sont l'objet de prédilection du Père Céleste. Elles forment un bouquet de fleurs odorantes devant le trône divin et Dieu lui-même se délecte de leur parfum. Ces âmes demeurent pour toujours dans ton Cœur très compatissant, ô Jésus, et chantent sans cesse l'hymne de l'amour et de la Miséricorde.

Chapelet de la Divine Miséricorde

Père Eternel, pose ton regard de miséricorde sur les âmes douces et humbles ainsi que sur celles des petits enfants, enfermées dans la demeure du Cœur très compatissant de Jésus. Ce sont ces âmes qui ressemblent le plus à ton Fils ; leur parfum monte de la terre et s'élève jusqu'à ton trône. Père de miséricorde et de toute bonté, je t'implore, par l'amour et la prédilection que tu as pour ces âmes, de bénir le monde entier afin que toutes les âmes puissent chanter ensemble la gloire de ta miséricorde pour l'éternité. Amen.

Septième jour

"Aujourd'hui, amène-moi les âmes qui honorent et glorifient ma Miséricorde de manière spéciale et immerge-les dans ma Miséricorde. Ce sont ces âmes qui ont le plus vivement compati aux souffrances de ma Passion et qui ont pénétré le plus profondément en mon âme. Ces âmes brilleront d'un éclat particulier dans l'autre vie ; aucune d'elles n'ira dans le feu de l'enfer. Je défendrai chacune d'elles en particulier à l'heure de la mort."

Très Miséricordieux Jésus, dont le Cœur est l'amour même, reçois dans la demeure de ton Cœur très compatissant les âmes qui honorent et glorifient particulièrement la grandeur de ta Miséricorde. Ces âmes sont puissantes de la force même de Dieu. Au milieu de tous les tourments et adversités, elles avancent, confiantes en ta Miséricorde. Ces âmes sont unies à Jésus et portent l'humanité entière sur leurs épaules. Ces âmes ne seront pas jugées sévèrement, mais ta Miséricorde les entourera au moment de la dernière agonie.

Chapelet de la Divine Miséricorde

Père Eternel, pose ton regard de miséricorde sur les âmes qui glorifient et honorent ton plus grand attribut : ton infinie miséricorde. Enfermées dans le Cœur de Jésus, ces âmes sont un vivant Evangile. Leurs mains sont pleines d'actes de miséricorde et leur âme, débordante de joie, chante pour toi l'hymne de la miséricorde, ô Très Haut ! Je t'en supplie, mon Dieu, montre-leur ta miséricorde selon l'espérance et la confiance qu'elles ont placées en toi. Que s'accomplisse en elles la promesse que Jésus leur a faite : "Les âmes qui vénéreront ma Miséricorde, je les défendrai moi-même durant leur vie et spécialement à l'heure de la mort, comme ma propre gloire".

Huitième jour

"Aujourd'hui, amène-moi les âmes de ceux qui sont dans la prison du Purgatoire et immerge-les dans l'abîme de ma Miséricorde. Que les flots de mon Sang rafraîchissent leurs brûlures ! Toutes ces âmes me sont très chères. Elles s'acquittent envers ma Justice. Il est en ton pouvoir de leur apporter quelque soulagement. Puise dans le trésor de mon Eglise toutes les indulgences, et offre-les en leur nom... Oh ! si seulement tu connaissais leur supplice, tu offrirais constamment pour elles l'aumône de tes prières, et tu paierais leurs dettes à ma justice."

Très Miséricordieux Jésus, toi-même a dit vouloir la Miséricorde. J'amène alors à la demeure de ton Cœur très compatissant les âmes du Purgatoire qui te sont très chères mais qui doivent pourtant s'acquitter envers ta justice. Que les flots de Sang et d'Eau jaillis de ton Cœur éteignent les flammes du Purgatoire afin que, là aussi, soit glorifiée la puissance de ta Miséricorde.

Chapelet de la Divine Miséricorde

Père Eternel, pose ton regard de miséricorde sur les âmes qui souffrent au Purgatoire et qui sont enfermées dans le Cœur très compatissant de Jésus. Je t'implore, par la douloureuse Passion de ton Fils Jésus et par toute l'amertume dont son âme si sacrée fut inondée, montre ta miséricorde aux âmes qui se sont soumises au regard de ta justice. Ne les regarde pas autrement qu'à travers les plaies de Jésus, ton Fils bien-aimé, car nous croyons fermement que ta bonté et ta compassion sont sans mesure. Amen.

Neuvième jour

"Aujourd'hui, amène-moi les âmes froides et immerge-les dans l'abîme de ma Miséricorde. Ce sont ces âmes-là qui blessent le plus douloureusement mon Cœur. Ce son ces âmes froides qui, au Jardin des Oliviers, m'inspirèrent la plus grande aversion. C'est à cause d'elles que je me suis écrié : "Père, éloigne de moi ce calice, si telle est ta volonté." Pour elles, l'ultime planche de salut est de recourir à ma Miséricorde."

Très compatissant Jésus, qui es la bonté même, accueille dans la demeure de ton Cœur très compatissant les âmes froides. Dans ce feu de ton pur amour, puissent ces âmes glacées comme des cadavres qui t'emplissent d'un si profond dégoût, s'enflammer à nouveau, ô très compatissant Jésus, use de la toute puissance de ta Miséricorde et attire-les dans le brasier de ton amour. Accorde-leur le don du Saint Amour car rien n'est au-delà de ton pouvoir.

Chapelet de la Divine Miséricorde

Père Eternel, pose ton regard de miséricorde sur les âmes froides qui sont cependant enfermées dans le Cœur très compatissant de Jésus. Père de miséricorde, je t'en supplie : par l'amère Passion de ton Fils et par son agonie de trois heures sur la Croix, permets qu'elles aussi célèbrent l'abîme de ta miséricorde. Amen.

NEUVAINE A SAINT JOSEPH

Prières quotidiennes pour la neuvaine
Je vous salue Joseph, vous que la grâce divine a comblé ; le Sauveur a reposé dans vos bras et grandi sous vos yeux ; vous êtes béni entre tous les hommes et Jésus, l'Enfant divin de votre virginale Épouse est béni. Saint Joseph, donné pour père au Fils de Dieu, priez pour nous dans nos soucis de famille, de santé et de travail, jusqu'à nos derniers jours, et daignez nous secourir à l'heure de notre mort. Amen

Je vous salue Marie...

Marie et Joseph, offerts sur la terre d'Israël, Marie et Joseph morts à eux-mêmes, source du blé nouveau, source de l'Amour divin sur terre, engendrez-nous dans votre trinité sur terre à la sainteté. Faites que nous puissions nous revêtir des vêtements blancs de la naissance et de la Résurrection.

Premier jour
Saint Joseph, mémoire du Père

« Joseph fit comme l'Ange du Seigneur lui avait prescrit : il prit chez lui son Épouse; et sans qu'il l'eût connue, elle enfanta un fils, auquel il donna le nom de Jésus. » (Mt 1,24)

Tout arbre a ses racines propres, et chaque arbre donne un fruit qui lui est propre. Mais tout arbre ne se développe pas n'importe où, n'importe comment ! Chaque terre a une consistance, une composition plus riche qu'une autre terre. Il en est de même de notre filiation : « Généalogie de Jésus-Christ, fils de David, fils d'Abraham » (Mt 1,1)...... « Jacob engendra Joseph, l'époux de Marie de laquelle naquit Jésus, que l'on appelle Christ. » (Mt 1,16)
Fils et fille d'homme et de femme, nous nous reconnaissons en fils de Dieu par Jésus-Christ : « Jésus, Fils de Dieu, aie pitié de moi pêcheur ».

Joseph est mémoire du Père, il reconnaît la voix du Père, se lève la nuit, se retire en Égypte (« D'Égypte j'ai appelé mon fils » Os 11,1), puis revient au pays d'Israël (« De toi sortira un chef qui sera pasteur de mon peuple Israël » Mi 5,1).
Joseph permet donc que s'accomplisse l'oracle des prophètes : « Lorsqu'ils eurent accompli tout ce qui était conforme à la Loi du Seigneur » (Lc 2,39a) et « chaque année ses parents se rendaient à Jérusalem pour la fête de la Pâque » (Lc 2,41).
A l'image de Joseph, puissions-nous vivre nos vies dans l'écoute et le respect de nos pères et mères de la terre afin de faire mémoire de notre créateur au-delà de nos familles

humaines.

Ce matin, disons avec saint Joseph : « Je te fiance à moi à jamais. Je te fiance à moi pour la justice et le droit, par la grâce et la miséricorde, je te fiance à moi par la fidélité, et toi, tu connaîtras le Seigneur. » (Os 2,21-22)

Deuxième jour
Saint Joseph un guide pour l'homme d'aujourd'hui

« Marie sa mère était fiancée à Joseph ; or, avant qu'ils eurent mené vie commune… » (Mt 1,18)

Joseph fiancé, futur époux, envisage Marie comme une partenaire, une mère de famille pour qui il prépare un logis familial, il prépare un statut social : « Joseph parce qu'il était de la maison de la lignée de David monta en Judée afin de s'y faire inscrire avec Marie » (Lc 2,4 et 5a)
Joseph, chaque matin œuvre physiquement, il a un métier dur. Il fournit à sa famille le pain quotidien et enseigne à Jésus la tradition. Il prépare et danse le Shabbat, se rend au Temple et assure une vie sociale pour sa famille à Nazareth.
Saint Joseph peut être appelé le saint de l'incarnation. Il est frère consacré au monastère de Nazareth. Il est veilleur du silence. Mais en homme protecteur, il sera élève du Père pendant toute sa retraite à Nazareth.
Fidèle et juste, saint Joseph va se souscrire aux temps de ce petit monastère, maison du Père sur terre. Que saint Joseph nous enseigne le respect des temps de prières comme purent les respecter les parents de sainte

Thérèse de Lisieux. (Zélie Martin dans sa correspondance familiale rend grâce à saint Joseph pour tous les exaucements obtenus dans le confiance et la patience).
N'hésitons pas à demander à saint Joseph d'être et de demeurer pour nous un modèle d'homme et de père juste et responsable dont le monde d'aujourd'hui a besoin pour sauver la famille.

Troisième jour :
Saint Joseph et la maison familiale

« Ils retournèrent en Galilée, à Nazareth, leur ville » (Lc 2,39b)

Après le temps de l'exil, le temps du désert, l'inquiétude, saint Joseph nous montre le chemin de Nazareth. Nazareth est une école du silence, de la patience et de l'apprentissage à la pauvreté.
Nazareth est un atelier où se tisse le tissu le plus noble, l'écharpe royale !
Nazareth est un atelier où se construit le tabernacle au bois le plus noble.
C'est un temple familial où s'amplifie la mémoire du Père.
C'est un anneau fermé au nom de l'Alliance : « Je sais qu'à Nazareth, Marie pleine de grâces, tu vis très pauvrement, ne voulant rien de plus » (sainte Thérèse, poésie : « Pourquoi je t'aime, ô Marie »)

Dans cet enseignement au quotidien de la vie de famille, saint Joseph nous aide à comprendre que « vivre d'amour, ce n'est pas sur la terre fixer sa tente au sommet du

Thabor. Avec Jésus, c'est gravir le calvaire, c'est regarder la croix comme un trésor » (sainte Thérèse PN17)

Que nos maisons puissent accueillir Marie et l'Enfant-Jésus.
Ne craignons pas d'accueillir la sainte famille à notre table.

Saint Joseph, protecteur de la famille, aidez-nous à comprendre le sens de la paternité véritable.

Quatrième jour
Saint Joseph modèle d'incarnation

« Joseph résolut de la répudier sans bruit. Il avait formé ce dessin, quand l'Ange du Seigneur lui apparut en songe. » (Mt 1,19b)

Saint Joseph devant l'Annonciation s'inscrit à l'école de l'acceptation d'une solitude humaine totale pour s'unir finalement à Marie.

Avec la Sainte Vierge il nous présente la Foi, l'Espérance et la Charité comme choix de communion fraternelle dans une incarnation au jour le jour. Saint Joseph nous explique combien il est important de ne pas rompre des liens affectifs et conjugaux quand une difficulté, une déception, un sentiment de solitude nous envahit.

Car au-delà de la souffrance, de la révolte, se présente à nous bien souvent le choix entre l'humilité et l'orgueil ; le choix entre l'amour et la haine ; le choix entre la vie et la mort.

Soyons donc attentifs à tout message de foi. Devenons vigilants aux annonces du Seigneur qui vient toujours pour nous guérir, nous faire grandir dans l'épreuve.

Le Seigneur attend de nous une incarnation au quotidien, dans les actes de la vie de tous les jours : « Que quand le Seigneur viendra, Il ne nous trouve pas endormi. » (séquence d'une prière à l'Archange saint Gabriel).

Saint Joseph aidez-nous à triompher de toute solitude, de toute révolte, de tout divorce.

Cinquième jour
Saint Joseph lumière dans nos nuits

« Or, lorsque les Anges les eurent quittés pour le ciel, les bergers se dirent entre eux : allons donc à Bethléem…Ils vinrent donc en hâte et trouvèrent Marie, Joseph et le nouveau-né couché dans la crèche. » (Lc 2, 15a et 16)

Quand nous désirons très fort quelque chose et que nous ne l'obtenons pas, la souffrance fait son apparition. Quand la nuit occulte nos pensées et nos décisions, nous sommes dans un désarroi parfois proche du désespoir.

Saint Joseph dans l'inquiétude folle de ne pas offrir à sa famille un lieu pour la nativité, devant le non du monde et devant la nuit des cœurs des hommes reçoit dans l'obéissance et dans la confiance le lieu de l'oubli total :

une crèche, un reposoir, un hôpital de pauvres.

Et c'est ce lieu d'aboutissement de toute inquiétude et de toute obscurité qui recevra l'éclairage le plus doux, la lumière la plus forte : l'étoile de la Rédemption.
Au-delà des nuits saint Joseph nous apprend à adorer, à prendre Jésus contre notre cœur, à embrasser sa tête délicate.

Pour le feu que tu entretiens afin de garder la lampe allumée dans l'exil, dans Bethléem, à Nazareth : saint Joseph sois remercié !

Saint Joseph, berger de l'Agneau, conduisez-nous au long des nuits vers la crèche de nos vies.

Sixième jour
Saint Joseph protecteur dans la maladie

« Joseph, fils de David, ne crains point de prendre chez toi Marie, ton épouse : car ce qui a été engendré en elle vient de l'Esprit-Saint ; elle enfantera un fils auquel tu donneras le nom de Jésus. » (Mt 1,20b)

Toute atteinte physique ou psychologique peut entraver notre marche. Tout état de douleur ou de souffrance peut éveiller en nous dépit, rejet, voir désir de mort. Tout ce qui nous semble acquis, réussi, peut soudainement basculer, disparaître, s'anéantir, devenir le vide total. Saint Joseph en présentant Jésus au Temple, avec Marie, remplit le vide causé par la révélation de Anne et de Syméon. Il donne le nom de Jésus au monde. Au-delà de toute souffrance, saint Joseph nous désigne le Sauveur. Il nous montre le Père. Saint Joseph dit oui, il se laisse couvrir par l'Esprit, il reconnaît le nom de Dieu. Saint Joseph, aidez-nous à ne pas nous replier sur nous-même dans l'épreuve ; encouragez-nous à nous ouvrir à la seule volonté du Père.

Septième jour
Saint Joseph protecteur de l'Église

« Après leur départ, l'Ange du Seigneur apparaît en songe à Joseph et lui dit : » Lève-toi, prends l'enfant et sa mère et fuis en Égypte » (Mt 2,13a) … L'Ange du Seigneur apparaît en songe à Joseph et lui dit : « Lève-toi, prends l'enfant et sa mère, et reviens au pays d'Israël » (Mt 2,19b et 20a)
Quand le voile de Marie se souleva au souffle de l'Esprit, elle reconnut la voix du Père. Et au moment de ce « oui », la Sainte Vierge prenait déjà sous son manteau le premier consacré de Nazareth : saint Joseph. Quand Joseph sentit le souffle de l'Esprit, tous ses sens furent sollicités. Il reconnut au fond de lui la voix, le parfum et la couleur de l'Esprit. Ainsi, saint Joseph, gardien de l'Agneau, protecteur de la sainte Famille, est devenu par la grâce du Père le gardien de l'Eglise : « ce qui a été engendré en elle vient de l'Esprit-Saint et elle enfantera un fils auquel tu donneras le nom de Jésus ».
A saint Joseph est donné la reconnaissance du fait. Car Marie passe par Joseph pour lui confirmer la voile mystérieux de la virginité et de l'Incarnation. Joseph en prenant Marie et Jésus sous sa protection viens le premier

pour voiler le mystère. Joseph se tient debout le premier devant le « oui. ». Joseph se tient debout le premier devant l'Église.

Saint Joseph, enseignez-nous à respecter l'Église, à lui être toujours obéissant, dans l'Eucharistie et dans la prière fidèle.

Huitième jour
Saint Joseph est au cœur de la communion fraternelle

« Mon enfant, …vois ! ton père et moi, nous te cherchions. » (Lc 2,48b)

Par notre union avec le Cœur de Marie vient le règne d'amour du Cœur doux et humble de Jésus. Par l'union aux Cœurs de Jésus et de Marie, nous communions au cœur doux et juste de Joseph. Par cette sainte communion familiale, nous reconnaissons l'union de tous les cœurs au nom du Père.

Saint Joseph nous garantit la sainteté du mariage et la garde du sacrement de l'Alliance en communiant à l'union de la Vierge Marie. (l'époux étant garant du fruit et l'épouse étant porteuse du fruit) : « L'arbre du Vie qui était gardé par un Chérubin au glaive de feu, voici qu'il habite en Marie, la Vierge pure ; Joseph le garde. Le Chérubin a déposé son glaive, car le fruit qu'il gardait a été envoyé du haut du ciel. » (saint Ephrem, sermon)

Saint Joseph, apprenez-nous à rendre grâce pour la communion fraternelle au sein de nos familles et qu'il nous soit donné de consacrer tous ceux que nous aimons et tous ceux que nous aimons moins à la sainte Famille.

Neuvième jour
Saint Joseph, patron de la bonne mort et des âmes du Purgatoire

« Au bout de trois jours, ils le trouvèrent dans le temple. » (Lc 2,46a)

Après sa mort, Jésus est descendu rechercher Adam. A la Résurrection, nous contemplons le Mystère de Pâques.

Mourir d'une mort, de dix morts, de mille morts; mourir de la maladie, de l'abandon; mourir du désir; mourir intellectuellement; mourir de dépression : il y a tant de morts différentes et possibles !
Pourtant, il en est une qui demeure la seule mort véritable : la mort d'Amour, avec la Vierge Marie et avec saint Jean, debouts dans la confiance au pied de la Croix.

Saint Joseph peut nous tendre la main au moment de notre mort physique.
Saint Joseph peut intercéder pour nous quand nous prions pour nos fidèles défunts.
Saint Joseph protecteur des âmes du Purgatoire l'est d'autant plus qu'il a accepté et partagé pour nous une incarnation totale.

« Seigneur, mon Dieu, j'accepte dès maintenant de votre

main, volontiers et de bon cœur, tel genre de mort qu'il vous plaira, avec toutes ses angoisses, ses peines et ses douleurs. »

« Domine Deus, jam nunc quodcumque mortis genus pro tibi placuerit, cum omnibus suis angoribus, poenis ac doloribus, de manu tua aequo ac libenti animo suscipio. »

Jésus, Marie, Joseph, priez pour nous au moment de la mort.

Prière finale
« Tu lui donneras le nom de Jésus »

Seigneur Dieu, notre Père, combien je te remercie de nous avoir donné ce cadeau inestimable : t'appeler par ton nom : Jésus, homme et Dieu.
Avec les Anges, avec Marie et Joseph, avec les bergers, je te bénis, je te loue, je t'adore, je te célèbre. Envoie sur moi ton Esprit, afin de dire et de redire avec le cœur ce Nom qui est au-dessus de tout nom. Par ce nom Tout Puissant et rempli d'amour : dissipe mes ténèbres et fais de moi un enfant de lumière, lave-moi de mes fautes et donne-moi un cœur nouveau, guéris mes blessures afin d'aimer comme tu aimes, délivre-moi de mes angoisses et donne-moi ta paix. Essuie toute larme de mes yeux, que la joie de l'Esprit m'habite. Donne-moi le don suprême de l'Esprit: la tendresse du Père. Gloire et louange à toi, Seigneur Jésus.

NEUVAINE EN L'HONNEUR DE DIEU LE PÈRE

Prière d'introduction pour chaque jour

Dès l'aube, Tu m'as souri. Pour cela je Te bénis. Que cette journée T'appartienne. Tu es mon Père bien-aimé, je n'en ai pas d'autre. Je veux T'aimer jusqu'au bout, je m'abandonne entre Tes mains. Bénis-moi et reste avec moi, car je suis Ton enfant. Amen !

Premier jour
La Volonté de Dieu

« *Ma nourriture, c'est de faire la Volonté de Celui qui M'a envoyé* ». *(Jean 4, 34)*
Aujourd'hui, nous prions avec Mère Eugenia Elisabetta Ravasio. Elle souligna : « Le Père du Ciel est très content et heureux lorsque Son enfant l'appelle tendrement mon Père. »

Mon Père Céleste tant aimé, au début de cette neuvaine, je m'abandonne consciemment à Ta Sainte Volonté. Tu es mon Père infiniment bon, Tu as un Cœur plein d'Amour. Qu'aurais-je à craindre ? Tant de fois, j'ai rencontré Ta Bonté, Ta Miséricorde et surtout Ta Tendresse. Tu m'as épargné tant de souffrances et de malheurs, quelquefois de manière toute évidente. Tu t'es toujours occupé de moi, Tu m'as tenu et porté quand l'obscurité régnait dans mon âme. Tu m'as donné mille signes de Ton Amour Paternel, et tous les jours Tu m'en donnes d'autres encore. Tu dis dans Ton Message :

« Soyez en sûrs, vous les hommes, que depuis toute éternité Mon seul désir est de Me manifester aux hommes afin qu'ils M'aiment. Je désire sans cesse être avec eux... Pour vous prouver combien il est important que Ma Volonté soit faite et que vous fassiez ce que Je désire, pour qu'on Me connaisse mieux et qu'on M'aime davantage, Je veux vous donner quelques unes des innombrables preuves de Mon Amour. Tant que l'homme ne vit pas dans la Vérité, il ne peut pas ressentir la vraie Liberté : Mes enfants, vous qui êtes en dehors de la Loi, alors que Je vous ai créés pour que vous l'accomplissiez, vous croyez vivre dans la paix et la joie mais, au fond de votre cœur, vous sentez bien que vous n'avez pas la vraie paix, pas la vraie joie, pas la vraie liberté, la liberté de Celui qui vous a créés, Votre Dieu et Votre Père. Mais vous qui vivez selon la vraie Loi, ou mieux, qui avez promis d'obéir à cette Loi que Je vous ai donnée pour assurer votre rédemption, vous avez été séduit au Mal par le vice. Votre mauvais comportement vous a éloigné de la Loi. Croyez-vous que vous êtes heureux ? Non ! vous sentez que votre cœur est inquiet. Croyez-vous que votre cœur pourra s'épanouir tant que vous cherchez votre seul plaisir et les joies terrestres ? Non ! laissez-Moi vous dire ceci : vous ne connaîtrez jamais la vraie Liberté et le vrai Bonheur tant que vous ne Me reconnaîtrez pas comme Votre Père et ne vous soumettrez pas à Ma Loi afin de vivre en vrais enfants de Dieu, en vrais enfants de votre Père ! Pourquoi ? Parce que Je vous ai créés pour que vous Me connaissiez, pour que vous M'aimiez, pour que vous Me serviez comme des enfants simples et confiants servent leur père ! »

Dieu, mon Père, je Te présente à nouveau mon désir profond et sincère de Te servir et de Te plaire. Donne-moi la grâce de comprendre et d'accomplir en toute chose Ta Sainte Volonté. Amen !

Une dizaine de Chapelet en méditant : Au Père Céleste revient tout amour.

Deuxième jour
L'Action de Grâce

« Rendez grâce en toute circonstance, car c'est la Volonté de Dieu (1 Thessaloniciens 5, 18)

Aujourd'hui, nous prions avec saint Joseph qui, de manière unique, représente l'image du Père Céleste. « Le Père gère la vie de la famille. Que chaque père apprenne à l'école de saint Joseph comment devenir un trône de Dieu le Père ».

Père Céleste tant aimé, notre action de grâce ouvre tout grand Ton Cœur. Ô Père très bon, laisse couler des flots de grâces et de bienfaits sur nous. Nous pouvons Te montrer notre reconnaissance, Père, par exemple en travaillant à Ton œuvre : ceci peut s'exprimer à travers la bénédiction des âmes victimes (voir en fin de neuvaine) que beaucoup d'âmes généreuses ont déjà reçues. Car Tu dis dans Ton Message : « L'accomplissement total de Mes désirs pour l'humanité que Je t'ai déjà fait connaître, prendra certainement du temps. Mais un jour, Je serai satisfait grâce aux prières et sacrifices d'âmes généreuses qui s'offrent pour cette œuvre de Mon Amour. »

L'action de grâce est une forme de prière primordiale. Car, dans l'action de grâce, nous exprimons et reconnaissons notre propre misère. À travers elle, nous témoignons que Tu es le seul Auteur de tout bien, et que nous ne pouvons rien faire sans Toi. Ainsi notre action de grâce manifeste cette humilité si chère à Ton Cœur de Père. Que ma vie tout entière soit une seule et unique action de grâce devant Toi, mon Père très Bon, car Ta Bonté n'a pas de limites. Amen !

Une dizaine de Chapelet en méditant : Au Père Céleste revient tout amour.

Troisième jour
L'Adoration

« Mais l'heure vient, elle est là, où les vrais adorateurs adoreront le Père en esprit et en vérité ; tels sont, en effet, les adorateurs que cherche le Père. » (Jean 4, 23)

Aujourd'hui, nous prions avec saint Antoine de Padoue qui a dit : « Dieu ne cesse jamais d'être le Père de ses enfants ».

Père Céleste tant aimé, dans Ton Message, Tu dis :

« Je désire que les hommes honorent d'une manière toute particulière leur Père et Créateur, spécialement à travers l'adoration. De plus, Tu dis : « Je désire en outre que chaque famille place cette image que Je montrerai plus tard à Ma petite fille, dans un endroit bien visible. »

De jour comme de nuit, je veux T'adorer avec tout l'amour de mon cœur : Ta Puissance, Ta Volonté, Ta Grandeur, Ta Miséricorde, Ta Bonté et surtout Ta Divinité. Je veux T'adorer par le Sacré-Cœur de Ton Fils, avec Marie et tous les Anges et tous les Saints. Je veux me joindre à leur louange, mais je ressens fortement ma faiblesse et ma pauvreté. Alors je Te prie de tout mon cœur : envoie Tes Saints Anges à mon secours, surtout ceux qui se tiennent en adoration perpétuelle devant Ton Divin Trône. Qu'ils m'accueillent dans leur sainte compagnie m'enseignant à T'adorer en esprit et en vérité. Ô Dieu Fort, ô Dieu Immortel. Amen !

Une dizaine de Chapelet en méditant : Au Père Céleste revient tout amour.

Quatrième jour
L'esprit d'enfance

« À cette heure-là les disciples s'approchèrent de Jésus et Lui dirent : « Qui donc est le plus grand dans le Royaume des Cieux ? » Appelant un enfant, Il le plaça au milieu d'eux et dit : « En vérité, Je vous le déclare, si vous ne changez et ne devenez comme des enfants, non, vous n'entrerez pas dans le Royaume des Cieux. Celui-là donc qui se fera petit comme cet enfant, voilà le plus grand dans le Royaume des Cieux. Qui accueille en Mon Nom un enfant comme celui-là, M'accueille Moi-même. » (Matthieu 18, 1-5)

Aujourd'hui, nous prions avec sainte Thérèse de l'Enfant-Jésus qui nous dit ce qu'est son Ciel sur la Terre : « Mon Ciel, c'est de toujours demeurer en Sa Présence, de l'appeler mon Père et d'être son enfant. »

Dans Ton Message, Tu appelles les hommes Tes enfants. Tu dis que nous sommes Tes créatures, que nous sommes devenus les enfants de Ton Amour par Ton Fils, et puis :

« Certes, Je peux comprendre la faiblesse de Mes enfants. C'est la raison pour laquelle J'ai demandé à Mon Fils de leur donner les moyens pour qu'ils puissent se relever après être tombés dans le péché. Ces moyens les aideront à se purifier de leurs péchés afin de devenir les enfants de Mon Amour. Vous les trouverez avant tout dans les sept Sacrements. Un moyen très important est la Croix : lorsque vous tomberez dans le péché, elle vous sauvera par le Sang de Mon Fils qui se déverse à tout instant sur vous, pourvu que vous l'accueilliez à la fois dans le Sacrement de Réconciliation et dans la Sainte Messe. »

Père Céleste plein de Bonté, Tu aimes tant les enfants et ceux qui ont une âme d'enfant. Ils sont Tes préférés. Devant Toi, notre Père Bien-Aimé, nous sommes tous des enfants que Tu as créés dans Ton Amour infini. Tu nous guides avec soin et tendresse dans toutes nos imperfections et détresses. Plus nous sommes faibles, plus Ta sollicitude est grande. Si nous vivons vraiment en enfants devant Toi, nous pouvons ressentir et connaître Ta Présence, Ta sollicitude et Ton Amour dès ici-bas. Tu aimes les enfants pour leur candeur, leur innocence et leur pureté. Leur innocence les rend candides comme les colombes (Matthieu 10, 16). Ils ne connaissent pas la peur de l'avenir car ils se sentent pleinement en sécurité dans l'amour de leur père et de leur mère. Ils ne ruminent pas, ils ne doutent pas ; dans la candeur de leur cœur, ils font totalement confiance. Fais de ma vie une louange incessante à Ton immense Bonté Paternelle. Amen !

Une dizaine de Chapelet en méditant : Au Père Céleste revient tout amour.
Litanies de Dieu le Père, Consécration à Dieu le Père.

Cinquième jour
La Joie

« Réjouissez-vous dans le Seigneur en tout temps ; Je le répète, réjouissez-vous. » (Philippiens 4, 4)
Aujourd'hui, nous prions avec saint François de Sales qui nous transmet sérénité et confiance : « Rien ne saurait nuire aux enfants du Père Éternel pourvu qu'ils aient confiance en Sa Bonté ».
Père tant aimé, un père ou une mère terrestres sont dans la joie lorsque leurs enfants sont heureux. Toi, Tu éprouves la même joie. Tu as créé Tes enfants par Amour pour Te réjouir en eux :
« Mon Amour pour Mes Créatures est si grand que Je ne connais pas de plus grande joie que d'être parmi les hommes. Ma Gloire dans le Ciel est infiniment plus grande, mais Ma Gloire est encore plus grande lorsque Je Me trouve parmi Mes enfants, les hommes du monde entier. Mes enfants, votre Ciel, c'est le Paradis avec tous Mes élus, car là-haut, dans le Ciel, vous Me contemplerez dans une adoration éternelle. Mais Mon Ciel est sur terre parmi vous, les hommes. Oui, Je cherche Mon bonheur et Ma Joie sur terre, dans vos âmes. Vous pouvez M'offrir cette joie, et c'est même votre devoir de réjouir Votre Créateur et Père car c'est ce qu'Il désire et attend de vous. »
Cette joie dont parle l'Apôtre Paul, Tu la désires de Tes créatures. « Je me résigne à toujours voir mon imperfection et j'en fais ma joie. Car plus vous êtes humbles, plus vous serez heureux », écrivait sainte Thérèse de Lisieux. Père Céleste Bien-Aimé, donne-moi cette humilité véritable qui seule pourra me rendre heureux et me procurer Ta Présence. Amen !

Une dizaine de Chapelet en méditant : Au Père Céleste revient tout amour.

Sixième jour
La Prière

« En vérité, en vérité, Je vous le dis, si vous demandez quelque chose à Mon Père en Mon Nom, Il vous le donnera... Demandez et vous recevrez pour que votre joie soit parfaite. » (Jean 16, 23)
Aujourd'hui nous prions avec saint Jean-Marie Vianney, le Saint Curé d'Ars qui nous enseigne : « Lorsque Dieu nous voit venir à Lui, nous Ses petites créatures, Il se penche vers nous comme le ferait un père pour écouter son enfant qui désire lui parler. »
Père tant aimé, Tu dis dans Ton Message donné à Mère Eugenia Ravasio que Tu nous envahis tout particulièrement lorsque nous recevons la Sainte Communion et qu'alors, nous pouvons plus facilement Te présenter nos demandes. Dans cet instant d'union à Toi, notre âme plonge dans Ton Amour Paternel. Alors nous pouvons tout Te demander, et surtout une plus grande beauté et sainteté de notre âme. Ainsi, daigne augmenter en nous la Lumière et la Béatitude. Père Céleste, donne-moi de discerner ce que je dois Te demander. Donne-moi les grâces dont j'ai le plus besoin. Donne-les-moi, je T'en prie, au Nom de Jésus et par l'intercession de Marie, la Sainte Mère de Dieu. Amen !

Une dizaine de Chapelet en méditant : Au Père Céleste revient tout amour.

Septième jour
La Gloire

« Tout à coup il y eût avec l'Ange, l'armée Céleste en masse qui chantait les louanges de Dieu et disait : « Gloire à Dieu au plus haut des Cieux et sur la terre paix pour ses biens aimés. » (Luc 2, 13-14)
Aujourd'hui, nous prions avec saint Nicolas de Flüe à qui fut offerte une magnifique vision du Père : il vit que toute chose vient du Père Céleste et que tout doit retourner au Père.
Père du Ciel tant aimé, dans Ton Message, Tu dis :
« Si les hommes savaient entrer dans le Cœur de Jésus, ils comprendraient que Son désir le plus cher est d'honorer le Père... de L'honorer dans toute Sa Gloire, car Je suis le Père et le Créateur de l'homme et bien plus encore l'Auteur de sa Rédemption... Je désire être reconnu, honoré et aimé, non pas parce que J'aurais besoin de Mes créatures ou de leur adoration, mais parce que Je désire les sauver et partager Ma Gloire avec eux... Pour votre Rédemption et votre Sanctification, J'accomplirai le double de ce que vous faites en Mon honneur. »
Et un peu plus loin, Tu dis :
« Je vous assure, vous qui travaillez à agrandir Mon honneur et qui vous efforcez de Me faire connaître, honorer et aimer, votre récompense sera grande. Car J'apprécie tout, même votre plus petit engagement, et Je vous le rends au centuple dans l'éternité... Vous devez parfaire la liturgie de la Sainte Église en honorant de manière particulière l'Auteur de cette Communauté... Je désire que vous consacriez un jour ou au moins un

dimanche à la vénération explicite du Nom de « Père de toute l'humanité ».

Père Céleste, je Te remercie pour Ta Miséricorde infinie pour nous les hommes, pour Ta patience, ton Amour infini qui veut nous préserver de tout malheur et désire rendre toutes Ses créatures heureuses. Aide-moi à Te reconnaître toujours plus dans Ton tende Amour Paternel et dans Ta Sagesse Toute-Puissante, afin que je Te rende la Gloire qui Te revient en tant que Créateur et Auteur de tout être. Amen !

Une dizaine de Chapelet en méditant : Au Père Céleste revient tout amour.

Huitième jour
La Confiance

« Avançons-nous donc avec pleine assurance vers le Trône de la Grâce afin d'obtenir Miséricorde et de trouver Grâce, pour être aidés en temps voulu. » (Hébreux 4, 16)

Aujourd'hui, nous prions avec saint Claude la Colombière qui donnait à ses enfants spirituels le conseil suivant : « Ne pensons qu'à nous abandonner à la Providence de notre Bon Père Céleste et de vivre en même temps l'instant présent de la manière la plus parfaite. »

Le Père Claude la Colombière (1641-1682) fut un grand apôtre du Cœur de Jésus, un Supérieur d'Ordre et le père spirituel de sainte Marguerite-Marie Alacoque qui reçut à Paray-le-Monial les promesses bien connues lors des apparitions du Cœur Sacré de Jésus. Jésus lui annonça l'arrivée du Père de la Colombière avec les Paroles suivantes : « Je t'enverrai Mon serviteur et Mon Ami parfait. »

Père Céleste tant aimé, Tu ne reçois pas plus grande Gloire que lorsque, comme un enfant, on Te fait profondément confiance. Tu veux que nous T'offrions notre confiance en réponse à Ton Amour Paternel infini. Notre confiance Te montrera que nous croyons en Ton Amour, que nous Lui faisons une grande place dans nos cœurs, que nous nous laissons entièrement saisir par Lui. Tu dis dans Ton Message :

« Quant aux moyens de M'honorer, Je ne désire rien d'autre que la Confiance. »

Notre confiance est comme la clé de Ton Cœur Paternel. Père Céleste, pourquoi désires-Tu tant que Tes créatures Te fassent entièrement confiance ? Parce que Tu es le Père le plus aimant, le plus Miséricordieux, le plus tendre qui ne veux pas que Ses enfants se fassent du souci, ruminent sans cesse ou soient assaillis par des craintes de toutes sortes. Non ! Tu veux que nous vivions en paix. Ceci n'est possible que lorsque nous Te faisons confiance en toute circonstance. C'est également ce que dit saint Alphonse de Liguori : « Il n'existe pas de plus grande louange pour Dieu notre Père, que notre confiance infinie. » Donne-moi cette confiance en Toi, mon Père très Bon, car personne ne la mérite comme Toi. Amen !

Une dizaine de Chapelet en méditant : Au Père Céleste revient tout amour.

Neuvième jour
L'Amour

Aujourd'hui, nous prions avec ce grand Serviteur de Dieu, le Père Joseph Kentenich (1885-1968), fondateur du Mouvement Apostolique de Schœnstätt, qui s'écria dans une relation profonde et intime avec le Père Céleste :
« Dieu est Père, Dieu est Bon, et Bon est tout ce qu'Il fait. »
Père Céleste tant aimé, Tu es la Source et l'Auteur de tout Amour, oui, Tu es l'Amour Lui-même. Dans Ton Message, Tu vas jusqu'à dire :
« Je suis un océan d'Amour, un Père qui entoure sans cesse Ses créatures d'un profond Amour comme aucun père terrestre et aucune mère terrestre n'en sont capables. »
Aussi, Tu ne cesses pas d'aimer Tes créatures, même si elles ne pensent plus à Toi. Ton Amour est fidèle. Tu dis :
« Comme Créateur et Père des hommes, Je ressens le besoin de les aimer... Alors, Je vis auprès de l'homme, Je le suis partout, Je l'aide pour tout, Je lui rends tout. Je vois ce dont il a besoin, Je connais ses peines et tous ses désirs et Mon plus grand bonheur est de le soutenir et de le sauver... Je voudrais que toutes Mes créatures soient sûres et certaines que leur Père veille sur elles et veut leur offrir, dès ici-bas, un avant-goût de la Béatitude éternelle... Je vous aime avec une tendresse immense... Si vous M'aimez et M'appelez « Père » avec confiance, alors vous commencerez dès ici-bas à ressentir l'amour et la confiance dont sera faite votre béatitude éternelle... »
Et à toutes Tes créatures, Tu fais cette promesse :
« Tous ceux qui M'appelleront par Mon Nom de Père, ne serait-ce qu'une seule fois, ne périront pas : jamais. Mais ils

seront assurés de la vie éternelle dans la communion des élus. »

Dieu, mon Père Bien-aimé, au Nom de Jésus, je Te demande la grâce de T'aimer comme Tu le désires de moi, et de T'offrir en esprit, en même temps que mon amour, tous ceux qui refusent Ton Amour. Amen !

NEUVAINE AU SAINT ESPRIT

POUR UNE DEMANDE PRÉCISE

Premier jour
Prière à l'Esprit sanctificateur

Ô Esprit sanctificateur, je me prosterne devant Vous et je Vous adore dans le plus profond anéantissement de mon âme. Je Vous remercie de toutes les grâces que Vous m'avez faites jusqu'à ce jour, et je Vous demande pardon d'y avoir si mal correspondu. Ô Esprit-Saint, n'ayez pas égard à mes péchés, mais seulement à Votre infinie miséricorde et à Votre désir si ardent de me sanctifier. Je veux désormais Vous contenter pleinement. Par le passé, j'ai été un pécheur ingrat, mais il n'en sera plus ainsi à l'avenir. Je renonce dès maintenant au péché et à toutes les affections terrestres, je veux me consacrer entièrement à Votre amour.

Mais je ne puis rien par moi-même. C'est à Vous, ô Esprit

sanctificateur, d'opérer cette grande merveille de faire de moi un saint. Cela ne Vous est pas difficile. Vous avez fait dans le passé de si admirables chefs-d'oeuvre de sainteté. N'est-ce pas Vous qui avez formé le corps et l'âme adorables de Jésus-Christ, chef et modèle de tous les prédestinés ? N'est-ce pas Vous encore qui avez mis à l'abri de toute souillure l'âme de la très Sainte Vierge Marie, et L'avez élevée à la plus haute sainteté ? Et, dans le cours des siècles, combien d'âmes Vous avez préservées du péché, ou purifiées après leurs fautes, pour les conduire ensuite, par Vos dons divins, jusqu'au sommet de la perfection ! Ô Saint-Esprit, ce que Vous avez fait pour d'autres, Vous pouvez le faire aussi pour moi. Non seulement Vous le pouvez, mais Vous le voulez : c'est là Votre mission spéciale, faire de nous des saints.

Ayez donc pitié de moi, pauvre pécheur ; ne me rejetez pas, quelque indigne que je sois de Vos bontés. Je ne veux plus mettre obstacle aux opérations de Votre grâce ; je me livre à elle sans réserve. Lavez-moi dans les larmes de la pénitence et dans le sang de Jésus-Christ. Éclairez-moi de Vos divines lumières. Embrasez-moi des saintes ardeurs de la charité. Donnez-moi l'amour de l'oraison et de toutes les vertus que Vous voulez voir en moi. Ô Père des pauvres, ô Dispensateur des dons célestes, exaucez mon humble prière ; je Vous en conjure, par les mérites du Rédempteur et par l'intercession de Votre chère Épouse, la Sainte Vierge Marie. Faites que je sois tout à Vous comme Vous voulez être tout à moi. Conduisez-moi Vous-même au séjour des bienheureux, afin qu'après Vous avoir beaucoup aimé sur la terre, je continue à Vous aimer dans le ciel, conjointement avec le Père et le Fils, pendant les siècles des siècles. Ainsi soit-il.

7 Je Vous salue, Marie..., 7 Gloire au Père...

Deuxième jour
Prière pour obtenir le don de Crainte

Ô Esprit-Saint, esprit d'amour et de vérité, source adorable de toute perfection, je Vous adore et Vous remercie de tous les bienfaits dont Vous m'avez comblé. Que de fois, par le passé, je Vous ai contristé et chassé de mon coeur ! j'ai mérité bien souvent d'être abandonné de Vous et précipité dans l'abîme éternel. Et pourquoi donc ce malheur m'est-il arrivé ? Parce que Votre sainte crainte n'était pas dans mon âme. Aujourd'hui, je le regrette sincèrement, je déteste tous mes péchés, j'en ressens la plus vive douleur. Je ne cesserai de les pleurer jusqu'à mon dernier soupir. Daignez, ô Esprit-Saint, oublier toutes mes ingratitudes. Accordez-moi, je Vous en supplie, cette crainte salutaire qui m'a tant manqué par le passé. Qu'elle m'entretienne tout le reste de ma vie dans l'esprit de componction, qu'elle m'inspire une telle haine du péché, que, plus jamais, je ne le laisse rentrer dans mon coeur. Donnez-moi la crainte filiale qui me pénètre d'un profond respect pour Dieu et pour les choses de Dieu, qui me fasse éviter les plus petites fautes de peur de Lui déplaire, qui me préserve de la tiédeur à Son service et de la routine dans mes exercices de piété. Grâce à ce don inestimable de Votre crainte, je serai dans l'abondance de tous les biens ; je mènerai une vie sainte, heureuse, pleine de vertus et de mérites ; je marcherai à grands pas dans le chemin de la perfection. J'obtiendrai, enfin, la grâce de mourir en prédestiné, et d'aller au ciel jouir des douceurs ineffables que Vous réservez à ceux qui Vous craignent.

Ô Esprit-Saint, je Vous en conjure, au nom et par les mérites de Jésus-Christ, par l'intercession de Votre Épouse sans tache, la très Sainte Vierge Marie, accordez-moi le don précieux de Crainte. Ainsi soit-il.

7 Je Vous salue, Marie..., 7 Gloire au Père...

Troisième jour
Prière pour obtenir le don de Piété

Ô Esprit-Saint, abîme de bonté et de douceur, je Vous adore et Vous remercie de toutes les grâces que Vous m'avez accordées, spécialement de m'avoir revêtu de la sublime dignité d'enfant de Dieu. Malheureusement, je n'ai pas vécu d'une manière digne de ce grand privilège. Par mes innombrables péchés, je me suis révolté contre mon Père céleste, je Lui ai tourné le dos et me suis rangé parmi Ses pires ennemis. Mais Vous avez eu pitié de moi, ô Esprit-Saint, Vous m'avez excité au repentir et obtenu, je l'espère, mon pardon. Vous m'avez rendu ma dignité première, mon beau titre d'enfant de Dieu ; soyez-en béni à jamais !

Daignez mettre le comble à Vos bontés, en m'envoyant le véritable esprit des enfants de Dieu : l'esprit de Piété, qui me donne, pour Dieu, des sentiments de filial amour et de douce confiance, et, pour le prochain, un coeur tendre et compatissant.

Esprit-Saint, divin consolateur des âmes, je Vous supplie, par les mérites de Jésus-Christ et par l'intercession de la Vierge Marie, daignez attendrir mon coeur si dur et si insensible. Bannissez-en la défiance à l'égard de Dieu et ces craintes exagérées qui ôtent le courage et la ferveur ; chassez-en aussi l'envie et la rudesse pour le prochain, si contraires à l'amour qui doit régner entre frères. Alors, ô Esprit-Saint, le service de Dieu me sera agréable, son joug me paraîtra doux et léger, mes rapports avec le prochain seront empreints de la céleste suavité de Votre onction, je courrai dans la voie de Vos commandements, parce que Vous aurez dilaté mon coeur.

Ô Marie, tendre Épouse du Saint-Esprit, obtenez-moi le beau don de Piété. Ainsi soit-il.

7 Je Vous salue, Marie..., 7 Gloire au Père...

Quatrième jour
Prière pour obtenir le don de Science

Ô Esprit-Saint, Dieu de lumière et d'amour, je Vous adore et Vous remercie de tous Vos bienfaits, spécialement de m'avoir donné une intelligence pour Vous connaître et un coeur pour Vous aimer. Du fond de l'abîme de ténèbres où je suis plongé, je crie vers Vous, Vous suppliant de projeter sur moi les rayons lumineux du don de Science. Sans cette divine clarté, je m'égarerai encore, comme je l'ai fait si souvent par le passé, et je me perdrai pour toute l'éternité, en cherchant mon bonheur dans les créatures et en mettant en elles ma fin dernière. Avec le don de Science, au contraire, je ne verrai dans les choses créées que des moyens d'aller à Dieu ; je n'en userai que pour autant qu'elles me conduiront à Lui, et je m'en abstiendrai, si elles doivent m'en détourner. Alors, je serai saintement indifférent à la richesse ou à la pauvreté, à l'honneur ou au mépris, à la santé ou à la maladie, à une vie longue ou à une vie courte ; je n'aimerai et ne chercherai en toute chose que l'adorable volonté de Dieu.

Et, quand il plaira à cette sainte volonté que je sois dans la douleur et l'humiliation, éclairé par le don de Science sur le prix des tribulations, je les embrasserai avec joie, comme des moyens de trouver Dieu plus sûrement et de Le posséder plus parfaitement. Ainsi, rien au monde ne me détournera plus de ma fin dernière ; tout, au contraire, servira à me faire avancer, à Le connaître plus clairement, à L'aimer plus ardemment, à Le servir plus fidèlement, en attendant que j'aille, enfin, Le posséder dans le ciel, et qu'à la lumière de la gloire, je Le contemple face à face et L'aime parfaitement pendant toute toute l'éternité. Ainsi soit-il.

Ô Marie, très digne Épouse du Saint-Esprit, obtenez-moi la Science qui fait les Saints.

7 Je Vous salue, Marie..., 7 Gloire au Père...

Cinquième jour
Prière pour obtenir le don de Force

Ô Esprit-Saint, Dieu tout-puissant, qui avez si merveilleusement transformé les Apôtres en les rendant, de faibles et timides qu'ils étaient, tellement forts et intrépides qu'aucune puissance créée ne put jamais les ébranler ; Vous qui avez soutenu les martyrs dans leurs supplices, les saints confesseurs dans leurs travaux et leurs combats, et avez aidé tant d'âmes à boire au calice de la douleur ; voyez humblement prosternée devant Vous la plus faible et la plus misérable de Vos créatures. Ah ! si je Vous avais toujours invoqué dans le danger et dans la tentation, jamais je n'aurais eu le malheur de Vous offenser. Mais le mal est fait, je n'ai plus qu'à le regretter et à le pleurer. Je ne veux plus à l'avenir me fier à mes propres forces ; c'est pourquoi, j'implore Votre puissant secours.

Ô Esprit-Saint, c'est en Vous seul que j'espère, c'est de Vous seul que j'attends mon salut. Communiquez-moi, je Vous en conjure, Votre don de Force qui me rende invincible. Alors, je ne craindrai plus mes ennemis, Vous me ferez la grâce de les vaincre entièrement et toujours ; je ne craindrai plus les travaux, quelque pénibles qu'ils puissent être, Vous me donnerez le courage de m'y livrer avec une ardeur infatigable ; je ne craindrai plus les mépris et les souffrances, Votre divine onction me les fera endurer avec patience et avec joie ; je ne craindrai plus même la mort, Vous me soutiendrez à cette heure suprême, et je l'accepterai généreusement en union avec celle de mon Sauveur sur la croix. J'irai alors dans le ciel jouir des fruits glorieux de mes travaux, de mes souffrances et de mes combats. Tout l'honneur en reviendra à Vous, ô Esprit-Saint, ainsi qu'au Père et au Fils. Je Vous en bénirai éternellement avec la multitude des Anges et des Saints.

Ô Marie, Vous qui Êtes la Femme forte et la chaste épouse du Saint-Esprit, obtenez-moi le don de Force.

7 Je Vous salue, Marie..., 7 Gloire au Père...

Sixième jour
Prière pour obtenir le don de Conseil

Ô Esprit-Saint, qui, dans Votre amour infini, voulez être notre guide dans les sentiers de cette misérable vie, afin de nous conduire sûrement à notre fin dernière, je Vous adore et Vous remercie des charitables conseils que Vous m'avez donnés jusqu'à ce jour. Que ne les ai-je toujours suivis ! Je n'aurais pas en ce moment tant de fautes à me reprocher. J'ai préféré trop souvent me laisser conduire par l'ange des ténèbres, par mes sens et mes passions. Je reconnais et je déplore amèrement les tristes écarts qui ont résulté de cette incroyable folie.

Esprit d'amour et de miséricorde, ayez pitié de moi et pardonnez-moi. Je reviens à Vous et je ne veux plus d'autre guide que Vous. Me voici, résolu de Vous suivre partout où il Vous plaira de me conduire. Parlez, Seigneur, Votre serviteur Vous écoute. Montrez-moi la voie dans laquelle Vous voulez que je marche, indiquez-moi Vos sentiers. Que Votre don de Conseil me dirige pas à pas, afin que je ne m'écarte jamais de la voie que Vous m'avez tracée. Qu'il m'inspire toujours ce qu'il y a de plus agréable à Vos yeux, me préserve de toute illusion et me fasse avancer rapidement dans la sainteté. Qu'il me mette, enfin, en possession de ma fin dernière, et que je repose en elle éternellement, dans la contemplation et l'amour du Père, du Fils et de Vous-même, ô Esprit-Saint, qui procédez de l'un et de l'autre. Ainsi soit-il.

7 Je Vous salue, Marie..., 7 Gloire au Père...

Septième jour
Prière pour obtenir le don d'Intelligence

Ô Esprit-Saint, qui Vous plaisez à faire briller Votre lumière sur les âmes humbles, droites et pures, tandis que Vous la refusez aux orgueilleux, aux prudents du siècle et à tous ceux qui sont esclaves de leurs passions ; je ne mérite pas que Vous m'éclairiez, moi si orgueilleux, si misérable et si sensuel. Les péchés innombrables que j'ai commis, mes attaches aux créatures, mes passions immortifiées ont accumulé sur mon âme d'épais nuages que les rayons de Votre lumière ne peuvent pénétrer.

Oh ! je Vous en supplie, par les mérites de Jésus-Christ et par l'intercession toute-puissante de Votre chère Épouse, la très Sainte Vierge Marie, daignez dissiper ces nuages, en me pardonnant tous mes péchés, en détachant entièrement mon coeur des affections terrestres. Faites briller sur mon âme, malgré son indignité, les célestes rayons du don d'Intelligence, afin qu'elle découvre les beautés cachées des vérités de la foi et des mystères de la religion. À la vue de ces splendeurs, mon coeur s'enflammera d'amour pour Dieu et de zèle pour Le faire aimer aussi des autres ; il fera ses délices de la prière et de l'oraison, il soupirera sans cesse après la Beauté incréée, après le face à face divin. Ô Esprit-Saint, ne méprisez pas ma prière, ne me laissez pas plus longtemps dans l'obscurité. Accordez-moi le don d'Intelligence : alors, je vivrai d'une vie nouvelle, d'une vie d'amour et de ferveur, en attendant que j'aille vivre auprès de Vous dans le ciel de la vie des bienheureux.

Ô Marie, Épouse chérie de l'Esprit de vérité, obtenez-moi, je Vous prie, le don précieux d'Intelligence.

7 Je Vous salue, Marie..., 7 Gloire au Père...

Huitième jour
Prière pour obtenir le don de Sagesse

Ô Esprit-Saint, qui, par Votre don admirable de Sagesse, élevez les âmes à la plus haute sainteté, en les unissant étroitement à leur fin suprême, j'ai honte de paraître devant Vous, moi, misérable pécheur. Que de fois, aveugle que j'ai été, n'ai-je pas mis ma fin dernière dans les créatures en cherchant en elles les satisfactions que désirait mon coeur ! J'ai été sage de cette sagesse diabolique et charnelle qui n'est à Vos yeux qu'abomination et folie. Aujourd'hui, éclairé de Votre divine lumière, je reconnais mes égarements, je les déplore du fond de mon coeur et les déteste sincèrement.

Quelle que soit mon indignité, envoyez-moi, s'il Vous plaît, la divine Sagesse. Elle seule m'apprendra à ne plus goûter que Dieu et les choses de Dieu, à juger toutes les choses d'après le rapport qu'elles ont avec Lui ; alors, tous les biens et tous les plaisirs de la terre ne m'inspireront plus que du dédain. Dieu seul sera l'objet de tous mes soupirs, de tout mon amour. Oui, je L'aimerai, ce seul et unique Bien, Bien suprême et éternel. Je m'unirai à Lui, je me transformerai en Lui, et, ne pouvant pas encore Le posséder et Lui ressembler dans la béatitude, je Le posséderai et Lui ressemblerai, du moins, dans la douleur. Que mon ambition soit, désormais, de reproduire en moi l'image de l'Homme-Dieu, en aimant et en recherchant le mépris et la souffrance. Je ne dirai plus alors : " Qui me donnera des ailes et je m'envolerai et je me reposerai, " car, ces ailes, Votre don de Sagesse me les aura données. Grâce à elles, j'arriverai au but de mes ardents désirs. Comme Votre épouse fidèle, je pourrai dire en toute vérité : " J'ai trouvé Celui que mon coeur aime, je Le tiendrai et ne Le quitterai pas. "

Ô Marie, Siège de la Sagesse, obtenez-moi ce don inestimable qui me fera trouver le ciel sur la terre.

7 Je Vous salue, Marie..., 7 Gloire au Père...

Neuvième jour
Prière à Marie, Épouse chérie du Saint-Esprit

Ô Marie, très digne Épouse du Saint-Esprit et Mère bien-aimée de mon âme, Vous qui, dès le premier moment de Votre existence, avez été ornée des dons du Saint-Esprit et les avez fait admirablement fructifier par une fidélité constante et un amour toujours croissant, daignez jeter un regard de compassion sur Votre enfant si pauvre, si indigne, prosterné ici à Vos pieds. Je le confesse, à ma honte et à ma confusion, j'ai bien des fois, par mes péchés, contristé le Saint-Esprit et perdu le trésor de Ses dons ; j'ai été cause de la Passion et de la mort de Votre divin Fils ; j'ai abreuvé d'amertume Votre Coeur maternel. Ô Mère de miséricorde, je m'en repens de tout mon coeur, obtenez-moi pardon, oubliez toutes les peines que je Vous ai faites. Je suis résolu de me donner à Dieu sans réserve.

Ô Marie, qui, par Vos ardents désirs et Vos prières ferventes, avez autrefois attiré le Saint-Esprit sur les Apôtres, priez-Le aussi pour moi. Par le mérite de Vos sept douleurs, obtenez-moi les sept dons du Saint-Esprit, ainsi que la grâce d'y correspondre fidèlement.

Obtenez-moi le don de Crainte, qui me fasse pleurer le reste de ma vie les péchés que j'ai commis, et éviter désormais tout ce qui déplaît à Dieu.

Obtenez-moi le don de Piété, qui me pénètre, à l'égard du Père céleste, d'une tendre confiance et d'un filial amour ; qu'il me fasse trouver, par sa douce onction, le joug du Seigneur léger et suave.

Obtenez-moi le don de Science, qui m'élève vers Dieu par le moyen des créatures, et m'apprenne l'art difficile d'en user ou de m'en abstenir selon qu'elles me conduisent à ma fin dernière ou qu'elles m'en détournent.

Obtenez-moi le don de Force, qui me rende capable de vaincre toutes les tentations du démon, d'accomplir toujours parfaitement mes devoirs et de souffrir généreusement toutes les tribulations de cette vie.

Obtenez-moi le don de Conseil, qui me fasse choisir constamment les moyens les mieux appropriés à ma fin dernière et me fasse discerner, dans les occasions difficiles, ce qu'il faut faire pour plaire à Dieu.

Obtenez-moi le don d'Intelligence, qui me découvre la splendeur des vérités et des mystères de notre sainte religion.

Obtenez-moi, enfin, le don de Sagesse, qui me fasse connaître le vrai bonheur, porter sur toute chose un jugement sain, goûter Dieu et Sa très sainte volonté en tout.

Ô Vierge fidèle, faites que je ne perde plus jamais ces dons si précieux ; mais qu'à Votre exemple, je les conserve et les fasse fructifier jusqu'à la mort. Faites, enfin, ô douce Mère, qu'après m'être laissé diriger en cette vie par le Saint-Esprit, j'aie le bonheur d'être introduit par Lui dans le ciel, pour aimer et louer à jamais, en union avec Vous, l'adorable Trinité, à qui soient rendus tout honneur et toute gloire.

7 Je Vous salue, Marie..., 7 Gloire au Père...

NEUVAINE À SAINT JUDE THADDÉE LE SAINT DE L'ESPOIR

Prière d'ouverture

Ô Jésus, c'est de ton Cœur infiniment miséricordieux qu'est sorti ce mot : « Tout est possible à celui qui croit ». Ainsi, sûrs de ton Amour et forts de notre Foi, nous te présentons nos humbles prières.

Conscients de notre indignité, nous implorons ton pardon pour notre surdité et notre aveuglement spirituels face à la souffrance d'autrui. Pardon pour nos péchés d'orgueil, d'envie et d'égoïsme, pour toutes nos négligences dans nos devoirs d'état, et tous nos manques d'amour. Par les mérites de ta Passion, nous savons que tu as racheté ces fautes et t'en exprimons notre profonde gratitude.

Merci pour l'incomparable bienfait de notre salut et pour toutes les grâces qui proviennent de toi à partir du don de ta Vie. Tu connais tous nos besoins, tu connais donc cette circonstance spéciale..[La formuler] pour laquelle nous chargeons saint Jude, notre avocat, de t'implorer. Daigne répondre à sa prière et permettre que nous ayons à cœur de continuer, avec Toi et l'Esprit, à glorifier le Père à jamais. Amen !

Saint Jude, prie Dieu pour nous.

Prière finale

« Cherchez d'abord le Royaume de Dieu et sa Justice ; tout le reste vous sera donné par surcroît. » (Mt 6,33)

SEIGNEUR JÉSUS, grâces te soient rendues pour l'infinité de ton Amour. Tu es notre seule et unique source. Tu es notre vie. Tu es notre TOUT. Sur toi nous pouvons compter, car nous avons tes merveilleuses promesses : « Demandez et vous recevrez – Cherchez et vous trouverez – Frappez et l'on vous ouvrira. » (Lc 11,9 ; Mt 7,7)

Loué sois-tu pour les insignes privilèges et faveurs dont tu comblas ton Apôtre, saint Jude Thaddée, durant sa vie et pour la gloire dont il jouit maintenant éternellement. Par son intercession, auprès de ton Père, et en ton Nom, nous présentons nos intentions et toutes celles qui lui sont présentées avec confiance.. [Formulez vos demandes]. Daigne surtout augmenter notre foi, raviver notre espérance et cultiver en nous l'amour de tous nos frères et sœurs, afin d'obtenir dès ici-bas, les fruits de ton Esprit, gage du bonheur futur et éternel.

« Je mets mon espoir et Toi, Seigneur, je suis sûr de ta Parole ».

Ô BON SAINT JUDE, merci de pouvoir compter constamment sur ta protection et ton secours. Nous nous plairons à te faire connaître de plus en plus sous ce vocable qui te caractérise bien : le saint de l'espérance. Nous le ferons en signe de la vive gratitude que nous désirons te témoigner pour tout ce que tu nous obtiens du seigneur. Gloire Lui soit rendue pour les siècles des siècles.

Premier jour

« Heureux les pauvres de cœur ; le Royaume des Cieux est à eux. » (Mt 5,3)

Ô bon saint Jude, resplendissant exemple de la pauvreté en esprit, obtiens-nous la grâce de tenir les yeux de notre âme fixés sur les trésors infinis du Ciel. Place tes mérites devant le Trône de Dieu et demande tout simplement que nos prières soient exaucées durant cette neuvaine.

Qu'il plaise au seigneur de répondre à nos demandes de la manière qu'Il jugera bon, nous accordant la grâce de nous soumettre généreusement à sa sainte Volonté. Amen !
Saint Jude, prie Dieu pour nous.

Deuxième jour
« Heureux les doux ; ils auront la terre en partage. » (Mt 5,4)

Ô bon saint Jude, puissant en paroles et en œuvres, tu es demeuré le plus humble des apôtres. Puissions-nous, comme toi, marcher sur les traces du Seigneur. Obtiens-nous du Dispensateur de tous les biens, les grâces dont nous avons besoin.

Préserve-nous, ainsi que nos parents et amis, de tous les dangers de cette vie, et aide-nous à l'heure de notre mort. Amen !

Saint Jude, prie Dieu pour nous.

Troisième jour
« Heureux ceux qui pleurent ; ils seront consolés. » (Mt 5,5)

Ô bon saint Jude, glorieux Apôtre et martyr, patron et soutien dans les épreuves, nous accourons vers toi et te supplions du plus profond de nos cœurs de nous aider de ta puissante intercession.

Cependant si les faveurs que nous sollicitons ne tendent pas à la gloire de Dieu et à notre plus grand bien, veuille nous obtenir ce qui sera le plus utile pour arriver à cette fin. Amen !

Saint Jude, prie Dieu pour nous.

Quatrième jour

« Heureux ceux qui ont faim et soif de la Justice ; ils seront rassasiés ». (Mt 5,6)

Ô saint Jude, fidèle serviteur du Christ, toi qui as passé ta vie entière à ramener d'innombrables pécheurs au pied de la Croix, nous te confions toutes nos demandes et nous te supplions d'intercéder pour nous.

Puissions-nous, à ton exemple, devenir apôtre et porter le Christ en nous, afin de pouvoir dire avec saint Paul : « Je vis, mais ce n'est plus moi, c'est le Christ qui vit en moi ». (Ga 2,20). Amen !

Saint Jude, prie Dieu pour nous.

Cinquième jour

« Heureux les miséricordieux ; il leur sera fait miséricorde. » (Mt 5,7)

Ô bienheureux Apôtre saint Jude, au cœur sympathique et plein d'amour, du haut du Ciel jette un regard sur nous qui te prions à cause de nos besoins innombrables. Vois nos détresses, nos anxiétés et nos craintes. Aie pitié de nous et obtiens du Christ les grâces et les secours spirituels et temporels que nous te demandons..(Réfléchir sur l'immensité des pouvoirs de Dieu devant la poussière de notre néant).
Fais en sorte également que ces grâces soient profitables à notre salut. Amen !
Saint Jude, prie Dieu pour nous.

Sixième jour
« Heureux les cœurs purs ; ils verront Dieu. » (Mt 5, 8)

Grand saint Jude, ton intimité avec Jésus te donna la pureté du cœur nécessaire à la contemplation de Dieu. Nous t'en prions, recommande-nous à l'Agneau Immaculé ; Jésus-Christ, à sa Mère très sainte, la Vierge des vierges. Toi, tellement puissant au Ciel, intercède pour nous et obtiens-nous la faveur demandée.

Fais que nous comprenions enfin que nous sommes des pèlerins sur la terre en route vers le Ciel et que nous marchons vers l'éternelle béatitude. Amen !
Saint Jude, prie Dieu pour nous.

Septième jour
« Heureux ceux qui font œuvre de paix ; ils seront appelés fils de Dieu. » (Mt 5,9)

Grand saint Jude, en ces temps où les nations en détresse réclament une paix que le monde ne peut donner, demande au seigneur que nous soit accordée la Vraie Paix de l'âme et l'entente au sein de nos familles. Fais que, dans nos besoins actuels, ta puissante intercession nous soit profitable..(Pause de réflexion sur nos relations familiales).

Puisse ton exemple faire naître dans nos cœurs le désir fervent de travailler à la cause de la paix, pour la GLOIRE DE DIEU et le bien d'autrui. Amen !
Saint Jude, prie Dieu pour nous.

Huitième jour

« Heureux ceux qui sont persécutés pour la justice ; le Royaume des Cieux est à eux. » (Mt 5,10)

Ô grand martyr, saint Jude, que le Christ choisi parmi les humbles et les pauvres, ta grandeur naquit sur le Calvaire, dans l'ombre de la Croix du christ. Par elle, tu as reçu le courage d'endurer les persécutions. Et puisque nous sommes, nous aussi, victimes de l'adversité, ne nous laisse pas seuls dans nos épreuves. Daigne nous secourir.

Puisses-tu nous obtenir de Jésus notre sauveur, le soulagement des infirmes, la consolation des affligés et la grâce de la conversion des pécheurs. Amen !
Saint Jude, prie Dieu pour nous.

Neuvième jour

« Ô Marie, Reine des Apôtres, prie Dieu pour nous ».

Saint Jude, compagnon de Notre-Dame au Cénacle, tu as puisé à la fontaine de son Cœur Immaculé la sagesse qui naît du silence et de la prière. Intercède pour nous tous les jours de notre vie et daigne nous obtenir les grâces que nous demandons : ...

À Celui qui seul est Dieu et qui, par Jésus-Christ notre Seigneur, nous donne le salut : gloire, majesté, puissance et domination, maintenant et à jamais ! Amen !

Saint Jude, prie Dieu pour nous.

NEUVAINE EN L'HONNEUR DE LA TRÈS SAINTE FACE DE JÉSUS

Premier jour
La Sainte Face à Bethléem

Seigneur, je veux chercher votre face : ne me repoussez pas loin d'Elle à cause de mes péchés : ne m'ôtez pas votre Esprit-Saint. Faites briller sur moi la lumière de votre Face : instruisez-moi dans la voie de vos commandements.

Entrez dans la grotte de Bethléem, considérez l'Enfant qui vient de naître, couché dans la crèche, enveloppé de pauvres langes. Marie et Joseph se tiennent devant lui et le contemplent. Vous aussi, regardez son doux et radieux Visage. C'est la Face de l'Emmanuel, du Fils de "Dieu avec nous", et du "plus beau des enfants des hommes". Depuis quatre mille ans, les patriarches et les prophètes désiraient la voir; ils la réclamaient avec insistance comme "le salut" promis au monde : "*Seigneur*, disaient-ils sans cesse, *montrez-*

nous votre Face et nous serons sauvés". La voici ! Elle se montre enfin; voyez comme elle est ravissante et aimable, comme déjà Jésus a hâte de vous donner par elle ce qu'Il a de plus précieux !

ACTE D'AMOUR : Si l'Enfant Jésus vous aime, si par sa Sainte Face Il vous en donne la preuve, qui vous retient ? Rendez-Lui amour pour amour.

VERTU A PRATIQUER : Détachez-vous, au moins de coeur, de toutes les choses de la terre; que Jésus soit votre trésor !

BOUQUET SPIRITUEL : Essuyez cette première larme; emportez avec vous ce bon sourire de Jésus; déposez-le au plus intime de votre âme, comme un rayon d'espérance, comme une étincelle d'amour, et dites avec le prophète : "la lumière de votre Visage a été marquée sur nous Seigneur; vous avez mis la joie dans mon coeur".

PRIERE : *J'ai supplié votre Face de tout mon coeur : ayez pitié de moi selon votre promesse. Faites briller sur moi la lumière de votre Face. Sauvez-moi dans votre miséricorde; Seigneur, je ne serais pas confondu, parce que je vous ai invoqué.*

ORAISON : *Dieu Tout-Puissant et miséricordieux, faites, nous vous en supplions, qu'en vénérant la Face de votre Christ, défigurée dans la Passion à cause de nos péchés, nous méritions de la contempler éternellement dans l'éclat de la gloire céleste, par le même Jésus-Christ Notre Seigneur. Ainsi soit-il.*

Deuxième jour
La Sainte Face au milieu des peuples de Judée

Seigneur, je veux chercher votre face : ne me repoussez pas loin d'Elle à cause de mes péchés : ne m'ôtez pas votre Esprit-Saint. Faites briller sur moi la lumière de votre Face : instruisez-moi dans la voie de vos commandements.

Suivez Notre Seigneur pendant sa vie publique, parcourant les villes et les bourgades de la Judée, annonçant la bonne nouvelle de l'Evangile, guérissant les maladies et les infirmités, passant partout en faisant le bien. Comme le Fils de Dieu s'était réellement uni à notre nature toute entière, Il se montrait aux hommes avec ,un visage humain ayant des traits particuliers, une physionomie distinctive qui le faisait reconnaître entre tous ; car "l'homme, dit le sage, se connaît par l'aspect du visage". Avant tout, on cherchait à voir la Face de Jésus.

ACTE DE CONFIANCE : Partout où Il s'est montré sur la terre, Jésus a béni, a pardonné, a guéri, a fait du bien; je l'invoque, pourquoi ne serais-je pas exaucé ?

VERTU A PRATIQUER : Soyez docile aux impressions de la grâce : une grâce, c'est le regard de Jésus qui vous sollicite et vous presse; livrez-vous à sa céleste influence.

BOUQUET SPIRITUEL : "Mon bien-aimé, montrez-moi votre Face, faites
retentir votre voix à mes oreilles : autant votre voix est douce, autant votre Face est belle. Je veux en même temps vous voir et vous entendre".

PRIERE : J'ai supplié votre Face de tout mon coeur : ayez pitié de moi selon votre promesse. Faites briller sur moi la lumière de votre Face.

Sauvez-moi dans votre miséricorde; Seigneur, je ne serais pas confondu, parce que je vous ai invoqué.

ORAISON : Dieu Tout-Puissant et miséricordieux, faites, nous vous en supplions, qu'en vénérant la Face de votre Christ, défigurée dans la Passion à cause de nos péchés, nous méritions de la contempler éternellement dans l'éclat de la gloire céleste, par le même Jésus-Christ Notre Seigneur. Ainsi soit-il.

Troisième jour
La Sainte Face au Thabor

Seigneur, je veux chercher votre face : ne me repoussez pas loin d'Elle à cause de mes péchés : ne m'ôtez pas votre Esprit-Saint. Faites briller sur moi la lumière de votre Face : instruisez-moi dans la voie de vos commandements.

Montez avec Notre Seigneur sur le Thabor. Il gravit cette montagne avec trois disciples privilégiés : Pierre, Jacques et Jean, et Il se met en prière. Pendant qu'Il priait, son Visage se transfigura devant eux, sa Sainte Face devint resplendissante comme le soleil, ses vêtements furent blancs comme la neige. Jésus voulut ainsi donner libre essor aux rayons de la divinité cachés en Lui; pour la première fois Il fit paraître devant des yeux mortels sa Face adorable, avec l'éclat de gloire et de beauté qui lui est propre.

ACTE D'ESPERANCE : oui, "je le sais, mon Rédempteur est vivant; je le verrai un jour de mes yeux dans sa gloire, moi-même et non pas un autre. C'est l'espérance qui repose dans mon sein;"

VERTU A PRATIQUER : Fidélité à obéir aux commandements divins : "Parlez Seigneur, votre serviteur écoute."

BOUQUET SPIRITUEL : "Il nous est bon d'être ici." Dites cette parole devant le Tabernacle, au pied de l'autel : là est votre Thabor. Car
l'immortel et glorieux Jésus est, par l'Eucharistie, présent aux yeux de votre foi. Faites-en l'objet de vos délices et de vos complaisances.

PRIERE : J'ai supplié votre Face de tout mon coeur : ayez pitié de moi selon votre promesse. Faites briller sur moi la lumière de votre Face. Sauvez-moi dans votre miséricorde; Seigneur, je ne serais pas confondu, parce que je vous ai invoqué.

ORAISON : Dieu Tout-Puissant et miséricordieux, faites, nous vous en supplions, qu'en vénérant la Face de votre Christ, défigurée dans la Passion à cause de nos péchés, nous méritions de la contempler éternellement dans l'éclat de la gloire céleste, par le même Jésus-Christ Notre Seigneur. Ainsi soit-il.

Quatrième jour
La Sainte Face au jardin des Oliviers

Seigneur, je veux chercher votre face : ne me repoussez pas loin d'Elle à cause de mes péchés : ne m'ôtez pas votre Esprit-Saint. Faites briller sur moi la lumière de votre Face : instruisez-moi dans la voie de vos commandements.

Suivez Jésus se rendant après la Cène au jardin des Oliviers pour se préparer à sa Passion. Il s'agenouille à l'écart dans une grotte solitaire; Il prie longtemps, pendant trois heures. Son âme est livrée à la tristesse, à la crainte, aux angoisses du trépas. De temps en temps, Il interrompt sa prière pour aller vers ses disciples chercher auprès d'eux un peu de force et de consolation, et Il n'en trouve pas : "J'ai cherché, dit-Il, quelqu'un qui me consolât, et je n'en ai pas trouvé".

ACTE D'ABANDON : Offrez-vous tout entier vous-même à Dieu pour ne jamais faire que son adorable volonté. Faites cette offrande en union avec Jésus priant la Face contre terre au jardin des Oliviers.

VERTU A PRATIQUER : Faites pénitence. Excitez-vous à la contrition pour vos propres péchés et pour ceux des autres. Acceptez en esprit d'expiation les peines de la vie et les amertumes qu'il plaira à Dieu de vous envoyer.

BOUQUET SPIRITUEL : "Ma nourriture, c'est-à-dire ma joie et mes délices, c'est de faire la volonté de mon Père qui est dans les cieux."

PRIERE : J'ai supplié votre Face de tout mon coeur : ayez pitié de moi selon votre promesse. Faites briller sur moi la lumière de votre Face. Sauvez-moi dans votre miséricorde; Seigneur, je ne serais pas confondu, parce que je vous ai invoqué.

ORAISON : Dieu Tout-Puissant et miséricordieux, faites, nous vous en supplions, qu'en vénérant la Face de votre Christ, défigurée dans la Passion à cause de nos péchés, nous méritions de la contempler éternellement dans l'éclat de la gloire céleste, par le même Jésus-Christ Notre Seigneur. Ainsi soit-il.

Cinquième jour
La Sainte Face dans la cour de Caïphe

Seigneur, je veux chercher votre face : ne me repoussez pas loin d'Elle à cause de mes péchés : ne m'ôtez pas votre Esprit-Saint. Faites briller sur moi la lumière de votre Face : instruisez-moi dans la voie de vos commandements.

C'est la nuit de la Passion. Jésus, après un jugement dérisoire, a été dédaigneusement relégué, les mains liées, dans la cour du grand prêtre.

ACTE DE CONTRITION : "Seigneur, détournez votre Face de mes péchés, effacez toutes mes iniquités, je les déteste, je veux les réparer".

VERTU A PRATIQUER : Ayez la courage de la foi, ne craignez plus le regard et la parole des hommes quand il s'agit d'un devoir à remplir ou d'une faute à éviter.

BOUQUET SPIRITUEL : Jésus regarda Pierre, et Pierre pleura amèrement.

PRIERE : J'ai supplié votre Face de tout mon coeur : ayez pitié de moi selon votre promesse. Faites briller sur moi la lumière de votre Face. Sauvez-moi dans votre miséricorde; Seigneur, je ne serais pas confondu, parce que je vous ai invoqué.

ORAISON : Dieu Tout-Puissant et miséricordieux, faites, nous vous en supplions, qu'en vénérant la Face de votre Christ, défigurée dans la Passion à cause de nos péchés, nous méritions de la contempler éternellement dans l'éclat de la gloire céleste, par le même Jésus-Christ Notre Seigneur. Ainsi soit-il.

Sixième jour
La Sainte Face au prétoire de Pilate

Seigneur, je veux chercher votre face : ne me repoussez pas loin d'Elle à cause de mes péchés : ne m'ôtez pas votre Esprit-Saint. Faites briller sur moi la lumière de votre Face : instruisez-moi dans la voie de vos commandements.

Le prétoire de Pilate fut pour Notre Seigneur le théâtre sanglant de deux supplices également ignominieux et cruels, la flagellation et le couronnement d'épines.

ACTE D'OFFRANDE : O Jésus, mon Roi et mon Dieu, voici mon esprit avec ses pensées, mon coeur avec ses affections, ma volonté avec ses tendances ! Voici mon âme et mon corps. Je me mets tout entier sous votre empire. Régnez sur moi à jamais.

VERTU A PRATIQUER : Faites mourir en vous par la mortification tous les désirs et tous les mouvements déréglés qui pourraient offenser Notre Seigneur et en quelque sorte renouveler ses douleurs.

BOUQUET SPIRITUEL : Un membre soit-il être délicat et sensuel sous un chef couronné d'épines ?

PRIERE : J'ai supplié votre Face de tout mon coeur : ayez pitié de moi selon votre promesse. Faites briller sur moi la lumière de votre Face. Sauvez-moi dans votre miséricorde; Seigneur, je ne serais pas confondu, parce que je vous ai invoqué.

ORAISON : Dieu Tout-Puissant et miséricordieux, faites, nous vous en supplions, qu'en vénérant la Face de votre Christ, défigurée dans la Passion à cause de nos péchés, nous méritions de la contempler éternellement dans l'éclat de la gloire céleste, par le même Jésus-Christ Notre Seigneur. Ainsi soit-il.

Septième jour
La Sainte Face sur la route du Calvaire

Seigneur, je veux chercher votre face : ne me repoussez pas loin d'Elle à cause de mes péchés : ne m'ôtez pas votre Esprit-Saint. Faites briller sur moi la lumière de votre Face : instruisez-moi dans la voie de vos commandements.

Voyez Jésus gravir la montagne de son sacrifice, chargé du poids de sa croix. Après la chute pénible et humiliante qu'Il a subie, sa Face adorable paraît souillée de poussière, de sueur et de sang. Cette vue excite le mépris de la foule et les railleries des bourreaux.

ACTE DE CHARITE : Aimez Jésus et compatissez aux outrages qu'on Lui fait souffrir. Aimez vos frères égarés et priez Dieu qu'Il les épargne et les convertisse.

VERTU A PRATIQUER : Que le zèle de la réparation vous enflamme. Exercez-le par des communions, par des prières, par vos paroles, par vos exemples, par tous les moyens que la vue du mal commis doit vous inspirer.

BOUQUET SPIRITUEL : "Il me faut des Véroniques" disait Notre Seigneur à Marie de Saint-Pierre. "Ma fille, prenez ma Face comme une monnaie précieuse qui payera à mon Père les dettes de sa justice".

PRIERE : J'ai supplié votre Face de tout mon coeur : ayez pitié de moi selon votre promesse. Faites briller sur moi la lumière de votre Face. Sauvez-moi dans votre miséricorde; Seigneur, je ne serais pas confondu, parce que je vous ai invoqué.

ORAISON : Dieu Tout-Puissant et miséricordieux, faites, nous vous en supplions, qu'en vénérant la Face de votre Christ, défigurée dans la Passion à cause de nos péchés, nous méritions de la contempler éternellement dans l'éclat de la gloire céleste, par le même Jésus-Christ Notre Seigneur. Ainsi soit-il.

Huitième jour
La Sainte Face sur la Croix

Seigneur, je veux chercher votre face : ne me repoussez pas loin d'Elle à cause de mes péchés : ne m'ôtez pas votre Esprit-Saint. Faites briller sur moi la lumière de votre Face : instruisez-moi dans la voie de vos commandements.

Sur la Croix, où Il est placé comme sur un autel de propitiation entre le ciel et la terre, Notre Seigneur se fait notre intermédiaire, notre médiateur.

ACTE D'AMOUR GENEREUX : "Mon Dieu, j'oublie les torts qui m'ont été faits. Je pardonne à tous ceux qui m'ont offensé en quelque

manière. Je les aime sincèrement. Je vous prie pour eux et vous demande leur salut".

VERTU A PRATIQUER : Supportez les injures et les froideurs de votre prochain. Acceptez ce qu'elles ont de pénible pour le coeur en esprit de réparation de ce que le Sauveur a souffert.

BOUQUET SPIRITUEL : "Dieu notre protecteur, jetez les yeux sur la Face de votre Christ".

PRIERE : J'ai supplié votre Face de tout mon coeur : ayez pitié de moi selon votre promesse. Faites briller sur moi la lumière de votre Face. Sauvez-moi dans votre miséricorde; Seigneur, je ne serais pas confondu, parce que je vous ai invoqué.

ORAISON : Dieu Tout-Puissant et miséricordieux, faites, nous vous en supplions, qu'en vénérant la Face de votre Christ, défigurée dans la Passion à cause de nos péchés, nous méritions de la contempler éternellement dans l'éclat de la gloire céleste, par le même Jésus-Christ Notre Seigneur. Ainsi soit-il.

Neuvième jour
La Sainte Face au jour de la Résurrection

Seigneur, je veux chercher votre face : ne me repoussez pas loin d'Elle à cause de mes péchés : ne m'ôtez pas votre Esprit-Saint. Faites briller sur moi la lumière de votre Face : instruisez-moi dans la voie de vos commandements.

Le jour de sa Résurrection, Notre Seigneur se montra

plusieurs fois à sa sainte Mère, aux saintes femmes, à ses apôtres. Il sortait du sépulcre, doué d'une vie spirituelle et incorruptible, rayonnant de gloire et d'immortalité. Dans cet état, ce qui attirait surtout l'attention, c'était la beauté et l'éclat qui rayonnaient sur la Sainte Face du Sauveur triomphant.

ACTE DE DESIR : Quand irai-je et paraîtrai-je devant la Face de mon Dieu ? Quand le verrai-je face à face ?

VERTU A PRATIQUER : Détachez-vous peu à peu des biens trompeurs et passagers de ce monde. Cherchez les biens du ciel, où Jésus ressuscité vous attend.

BOUQUET SPIRITUEL : "Que j'expire altéré de la soif ardente de voir la Face désirable de Notre Seigneur Jésus Christ !" *(Dernière parole de Mr Dupont)*

PRIERE : J'ai supplié votre Face de tout mon coeur : ayez pitié de moi selon votre promesse. Faites briller sur moi la lumière de votre Face. Sauvez-moi dans votre miséricorde; Seigneur, je ne serais pas confondu, parce que je vous ai invoqué.

ORAISON : Dieu Tout-Puissant et miséricordieux, faites, nous vous en supplions, qu'en vénérant la Face de votre Christ, défigurée dans la Passion à cause de nos péchés, nous méritions de la contempler éternellement dans l'éclat de la gloire céleste, par le même Jésus-Christ Notre Seigneur. Ainsi soit-il.

Ludovic Robert

Printed in Great Britain
by Amazon